# Luto

CIP-BRASIL. CATALOGAÇÃO NA PUBLICAÇÃO
SINDICATO NACIONAL DOS EDITORES DE LIVROS, RJ

L991

Luto : travessia possível / organização Daniela Pupo Bianchi, Patrícia Barrachina Camps. - 1. ed. - São Paulo : Summus, 2023.
176 p. ; 21 cm.

Inclui bibliografia
ISBN 978-65-5549-105-0

1. Luto - Aspectos psicológicos. 2. Perda (Psicologia) - COVID-19 (Doença). 3. Espiritualidade. 4. Gestalt-terapia. I. Bianchi, Daniela Pupo. II. Camps, Patrícia Barrachina.

23-82927
CDD: 155.937
CDU: 159.942:393.7

Gabriela Faray Ferreira Lopes - Bibliotecária - CRB-7/6643

www.summus.com.br

Compre em lugar de fotocopiar.
Cada real que você dá por um livro recompensa seus autores
e os convida a produzir mais sobre o tema;
incentiva seus editores a encomendar, traduzir e publicar
outras obras sobre o assunto;
e paga aos livreiros por estocar e levar até você livros
para a sua informação e o seu entretenimento.
Cada real que você dá pela fotocópia não autorizada de um livro
financia o crime
e ajuda a matar a produção intelectual de seu país.

# Luto

## Travessia possível

Daniela Pupo Bianchi
Patrícia Barrachina Camps
[ORGS.]

summus
editorial

*LUTO – TRAVESSIA POSSÍVEL*
Copyright © 2023 by autoras
Direitos desta edição reservados por Summus Editorial

Editora executiva: **Soraia Bini Cury**
Revisão: **Júlia Rodrigues e Mariana Marcoantonio**
Capa: **Luísa Gimenez**
Projeto gráfico e diagramação: **Crayon Editorial**

**Summus Editorial**
Departamento editorial
Rua Itapicuru, 613 – 7º andar
05006-000 – São Paulo – SP
Fone: (11) 3872-3322
http://www.summus.com.br
e-mail: summus@summus.com.br

Atendimento ao consumidor
Summus Editorial
Fone: (11) 3865-9890

Vendas por atacado
Fone: (11) 3873-8638
e-mail: vendas@summus.com.br

Impresso no Brasil

# SUMÁRIO

*Prefácio* ........................................................................ 7
MYRIAN BOVE FERNANDES

*Apresentação* ............................................................... 15
DANIELA PUPO BIANCHI E PATRÍCIA BARRACHINA CAMPS

**1** O processo de luto — Uma visão gestáltica .............. 17
PATRÍCIA BARRACHINA CAMPS E MARIA HELENA PEREIRA FRANCO

**2** O atendimento clínico no contexto pandêmico —
Conhecendo o Núcleo Paulista de Atendimento
a Pessoas em Luto ....................................................... 33
ALEXSSANDRA FREITAS, CAROLINA FREIRE GERON, MARTA REGINA
MONTEIRO DE SOUZA, PATRÍCIA BARRACHINA CAMPS,
RENATA R. RANIERI E ROSILENE VIANA ZUZA AMORIM

**3** Luto — A clínica da delicadeza .................................. 45
DANIELA PUPO BIANCHI

**4** Quando um ente querido está morrendo — Reflexões
sobre cuidados paliativos, luto e espiritualidade .......... 63
IZABELA A. DE A. GUEDES E MARIA HELENA PEREIRA FRANCO

**5** A concepção infantil sobre a morte e o processo
de desenvolvimento ..................................................... 89
IDA KUBLIKOWSKI

**6** Pensando a importância dos rituais de despedida ...... 111
CAROLINA FREIRE GERON

**7** O amor fraternal — Luto pelo rompimento ou arrefecimento de vínculos de amizade .............................. 127
ESTHER HWANG

**8** Céu e inferno — O amor e a dor com a quebra do mito "até que a morte nos separe"................................ 147
SYLVIA HELENA A. DA PONTE ACÁRIO, PRISCILA MOROZETTI JARRÓ
E JULIANA SALES CORREIA

# PREFÁCIO

Um dos propósitos do Instituto Gestalt de São Paulo (IGSP) é oferecer um lugar de inovação e desenvolvimento de perspectivas no estudo e na aplicação das várias vertentes da abordagem gestáltica nos múltiplos campos da atividade humana, sobretudo para a saúde e a educação. Portanto, foi com muita alegria que recebi o convite para escrever este prefácio, representando o instituto que abriga este projeto.

Esta obra é fruto de anos de estudo dos seus autores, que compartilham sua prática e seu conhecimento ministrando cursos de aperfeiçoamento no trabalho de atendimento psicológico aos enlutados. O IGSP se orgulha de ter acolhido e oferecido o suporte para que as idealizadoras do projeto, Daniela Pupo Bianchi e Patrícia Barrachina Camps, desenvolvessem o curso que se afirmou, se destacou e se ampliou para constituir um núcleo no IGSP: o Núcleo Paulista de Atendimento a Pessoas em Luto (NPAPL), coordenado por Patrícia. Esse núcleo engloba o curso "Luto: travessia possível", pesquisas na área e atendimento clínico a pessoas que perderam seus entes queridos — a clínica da delicadeza, como lindamente Alexssandra Freitas, Carolina Geron, Marta R. M. de Souza, Patrícia Camps, Renata R. Ranieri e Rosilene Amorim descrevem no segundo capítulo desta obra. As autoras relatam a história do núcleo desde a sua idealização para atender os enlutados por covid-19 durante a pandemia. Trazem uma compreensão gestáltica do processo de luto, aliada à consciência de que o encontro com a morte desperta sentimentos, sofrimentos e angústias que merecem cuidados específicos para que novas aprendizagens possam emergir e conferir novos sentidos ao viver e ao existir.

A leitura do primeiro capítulo me remeteu a lembranças ligadas ao tema. Eu já era estudante de Psicologia quando meu avô paterno faleceu. Sou privilegiada, pois ele foi a primeira pessoa significativa e mais próxima que vi morrer. Minha mãe, com a sabedoria dos antigos, levou minha avó para passar um tempo em nossa casa, até que estivesse mais fortalecida. Foi um tempo marcante, no qual pudemos apreciar o contraste de viver em uma atmosfera ora pesada, impregnada de tristeza, ora suave, regada a uma convivência doce, em que trocávamos receitas culinárias, ideias sobre cremes de beleza ou jogávamos conversa fora. Nesse momento, pude me aproximar da minha avó como nunca fizera antes. Ao ler o primeiro capítulo do livro, fui capaz de compreender e nomear muito do que se passou naquele tempo. Com imensa delicadeza, Patrícia Camps e Maria Helena Pereira Franco descrevem essa travessia. O contato entre os membros da família se estreitou e ofereceu o devido suporte para que se pudesse reconfigurar o campo que havia mudado abruptamente. A atitude de minha mãe permitiu que pudéssemos oferecer um heterossuporte até que minha avó se reorganizasse, se fortalecesse e recuperasse seu autossuporte diante daquela condição tão difícil. Seguindo o processo do luto, ela pôde, enfim, voltar para sua casa e seguir a vida... buscando, talvez, novos sentidos para viver. É nesse clima que as autoras discorrem sobre um tema tão delicado, que leva o leitor a entrar em contato com suas experiências e memórias e o convida a abrir o coração para acolher o enlutado e tecer conexões entre a experiência e a teoria, ampliando seu conhecimento de forma empática e compreensiva.

No terceiro capítulo, "Luto — A clínica da delicadeza", Daniela Pupo Bianchi afirma que "a morte de alguém próximo remete ao próprio diálogo existencial sobre o morrer; implica pensar na vida como finita, nos sonhos como interrupções abruptas, nos vínculos como transformáveis, nas certezas como mutáveis e na segurança como transitória". De maneira sensível, delicada e profunda, a autora traz aspectos da clínica do luto regados pelas importantes contribuições que a Gestalt-terapia oferece. Salienta a importância da relação dialógica fundamentada em Buber, que reconhece que o ser humano é por natureza relacional, e lembra que a Gestalt afirma que é no encontro que o ser humano "se desenvolve e promove a transformação do outro, em fluxo de crescimento e vir a ser". Segundo Bianchi, na clínica do luto, a relação dialógica valoriza a qualidade do encontro entre terapeuta e cliente, e essa relação "torna-se morada para que a pessoa em sofrimento possa expressar sua dor, suas dúvidas e angústias", alcançando assim o suporte necessário para atravessar o luto.

Daniela comove o leitor ao descrever encontros tão significativos no trabalho com pessoas enlutadas. Ressalta a escuta atenta e plena do terapeuta que se coloca a serviço do cliente e não só capta o conteúdo da sua narrativa como, estando centrado, presente para si mesmo e para o outro, se abre em sintonia para perceber a forma como o cliente traz seu relato. Eis a essência do que a autora denomina a clínica da delicadeza: um profundo respeito pelo sofrimento humano em sua experiência singular, marcado pelo encontro entre cliente e terapeuta — que oferece sua presença como suporte e testemunho para essa difícil travessia.

No quarto capítulo, intitulado "Quando um ente querido está morrendo — Reflexões sobre cuidados paliativos, luto e espiritualidade", Izabela Guedes e Maria Helena Pereira

Franco afirmam que o diagnóstico de uma doença grave provoca um impacto em toda a família. Segundo as autoras, citando Coelho e Barbosa, 2017,[1] "o luto antecipatório é um processo adaptativo perante um adoecimento grave que representa perdas simbólicas e concretas, demandando do familiar envolvido uma construção de significados para essa experiência". Nessas situações, os cuidados paliativos são de extrema importância. Eles existem quando "não há mais o que possa ser feito pela doença, mas há muito que se deve fazer pelo doente". Aqui, as autoras atraem o leitor, que se deixa encantar pela possibilidade de encontrar beleza mesmo diante de uma situação tão difícil e extrema. Trazem o relato de pesquisa em uma prática transdisciplinar "na qual o tratamento atenda às necessidades singulares de cada paciente e de cada familiar, a partir das especificidades de cada processo de adoecimento". Ressalto nesse capítulo as belas considerações que as autoras tecem sobre o tempo e a espiritualidade.

Em "A concepção infantil sobre a morte e o processo de desenvolvimento", Ida Kublikowski faz questionamentos que provocam uma reflexão consistente sobre este tema tão complexo: a perda de pessoas significativas na infância, quando a identidade está sendo construída. Amplia o olhar para o sistema de relacionamentos que envolve não só a criança e sua família, mas também a cultura na qual se inserem. Apresenta vários conceitos sobre desenvolvimento infantil em diferentes abordagens psicológicas, tecendo uma reflexão crítica sobre eles, e descreve o desenvolvimento infantil como um processo multifacetado, realçando que

---

1. COELHO, A.; BARBOSA, A. "Family anticipatory grief: an integrative literature review". *American Journal of Hospice and Palliative Care*, v. 34, n. 8, p. 774-85, 2017.

"a criança em desenvolvimento busca dar sentido ao seu mundo e aos fatos que nele ocorrem utilizando forças próprias e o apoio de adultos e iguais".

A autora cita textos e estudos atuais sobre como a criança se relaciona com a morte que revolucionam a compreensão linear difundida anteriormente sobre a evolução do conceito de morte para a criança. Afirma que, "para compreender os processos de desenvolvimento na sociedade contemporânea, necessitamos modelos suficientemente sofisticados para abranger as forças interativas do desenvolvimento em múltiplos níveis". Fica claro para o leitor a necessidade de desconstruir conceitos anteriores, observar, reorganizar o pensamento e se colocar disponível para entrar em contato com a experiência singular do encontro com cada criança quando esse tema se evidencia, fazendo como ela, abrindo nossas fronteiras para entrar em contato com o que é vivo, estranho e diferente!

A seguir, Carolina Geron nos brinda com o capítulo "Pensando a importância dos rituais de despedida". Ela guia o leitor em uma visita à história dos rituais, e este se sente convidado a reformular seu comportamento e sua relação com os rituais de despedida, valorizando-os como uma forma de estreitar o contato entre as pessoas, completar *Gestalten* ou concluir ciclos.

Outro tema abordado nesta obra está no capítulo "O amor fraternal — Luto pelo rompimento ou arrefecimento de vínculos de amizade", de Esther Hwang. Segundo a autora, estes são os lutos não reconhecidos: as mortes em vida — "a pessoa que está morta metaforicamente em nossa vida" está viva fisicamente. Hwang leva o leitor a um mergulho profundo no contato com nossas amizades, seus significados, suas preciosidades e com as sensações e os sentimentos ligados a essas perdas. No texto, ela aborda "essa imensurável riqueza ocasionada pelo laço e desenlace da amizade". A magia de suas palavras confere um estilo à sua linguagem que encanta o leitor, que se deixa enlevar pelos profundos meandros do relacionamento intersubjetivo e fraterno.

Seguindo esse mergulho no qual encontramos tanta beleza, é possível adentrar a passagem estreita da dor da perda, encontrar o seu valor, apropriar-se da experiência, aprender e... renascer, mesmo diante de tão distintas formas de rompimento. Concordo com Esther quando afirma que é a entrega ao outro, à experiência do amor da amizade, constituída por escolha, que leva à possibilidade do desapego. Laços e desenlaces fazem parte da vida e se alternam entre idas e vindas, encontros e distanciamentos, trocas constantes que fluem com os movimentos da natureza e do universo!

Esta obra traz também o capítulo "Céu e inferno — O amor e a dor com a quebra do mito 'até que a morte nos separe'", escrito por Sylvia Helena Acário, Priscila Morozetti e Juliana S. Correia, que enfoca a separação do casal na qual um dos parceiros acreditava que o vínculo amoroso perduraria ao longo da vida. Com base na teoria do apego de Bowlby, as autoras refletem sobre as várias complementaridades que podem levar ao rompimento do vínculo e sobre as várias respostas elaboradas de acordo com o modelo representacional desenvolvido por cada indivíduo desde sua infância. Colocam o terapeuta como a figura de apego segura que pode oferecer o suporte para a travessia do luto e a reorganização do campo em que os clientes vivem.

O livro abrange, portanto, diferentes aspectos sobre o viver e o morrer. Convida o leitor a mergulhar nos meandros da vida e da morte com muita delicadeza e envolvimento. Escrito por Gestalt-terapeutas e terapeutas sistêmicos, integra o sensível e o racional, o sofrimento e a estética. Aqui são contempladas as várias dimensões do luto. É uma obra multifacetada que compõe um todo harmonioso, o que leva o leitor a conviver com diferentes olhares e maneiras diversas de interagir com o tema.

Diante de um contexto tão massificado, que, no dizer de Kublikowski, esconde e escancara a finitude e a morte, pensar em estreitar o contato com essa passagem e resgatar a dignidade da pessoa que atravessa o luto a partir da clínica da atenção, do cuidado e da delicadeza é um ato de coragem e uma importante contribuição para a Gestalt-terapia, para a psicologia e para o resgate da nossa humanidade.

Boa leitura!

MYRIAN BOVE FERNANDES
Gestalt-terapeuta, coordenadora e docente
do Instituto Gestalt de São Paulo (IGSP)

# APRESENTAÇÃO
DANIELA PUPO BIANCHI
PATRÍCIA BARRACHINA CAMPS

Querido leitor, querida leitora,

Esta obra é resultado da profunda e amorosa colaboração de pessoas que dedicam sua vida ao estudo e ao cuidado de pessoas enlutadas.

Queremos convidar você a estar conosco nesta travessia, possível porque permeada de afeto, lugar seguro para morada de humanos que necessitam repouso para restaurar seus sofrimentos.

Se você buscou esta obra, provavelmente está sensível ao tema da morte e do morrer. Ser um profissional ou uma pessoa que quer aprofundar a compreensão do processo de luto não é tarefa fácil, e ficamos felizes por ser companhia nesse percurso.

O livro nasceu de um curso de mesmo nome hospedado no Instituto Gestalt de São Paulo (IGSP). Tal curso é resultado dos nossos esforços para contribuir com a comunidade gestáltica no desenvolvimento de fundamentos e discussões de prática clínica para acolhimento e trabalho com pessoas enlutadas.

E, como não seria diferente, ao longo do caminhar, várias pessoas especiais foram fundamento, companhia e parceria. Esses queridos afetos compõem esta obra com artigos sensíveis e profundos, que poderão contribuir para o seu crescimento profissional e pessoal.

Esperamos que sua travessia seja tão transformadora quanto foi a nossa. Se isso acontecer, teremos alcançado nosso desejo: ser comunidade de destino.

Boa leitura.

# O PROCESSO DE LUTO — UMA VISÃO GESTÁLTICA

PATRÍCIA BARRACHINA CAMPS
MARIA HELENA PEREIRA FRANCO

> Na verdade, a Morte nunca fala sobre si mesma. Ela sempre nos fala sobre aquilo que estamos fazendo com a própria Vida, as perdas, os sonhos que não sonhamos, os riscos que não tomamos (por medo), os suicídios lentos que perpetramos. Embora a gente não saiba, a Morte fala com a voz do poeta. Porque é nele que as duas, a Vida e a Morte, encontram-se reconciliadas, conversam uma com a outra, e desta conversa surge a Beleza...
>
> ALVES (2012)

## SOBRE VIVER E MORRER

Este capítulo pretende oferecer uma possibilidade de compreensão gestáltica do processo de luto. Para tanto, falar sobre a morte é fundamental. A morte é a grande certeza, ainda que mistério: paira sobre ela a incerteza sobre quando a alcançaremos ou seremos alcançados. A morte suscita ainda questionamentos: para onde vamos, o que acontece depois que morremos, como morreremos.

A perda está inscrita na ontologia do ser humano; porém, por mais que seja condição indissociável da existência, muitas vezes é ocultada e perpassada por medos, mitos e angústias. Juliano e Felippe (2017, p. 19) expõem que "é difícil enfrentar a ameaça do desparecimento de alguém a quem se ama". A negação do trágico e o apelo ao belo são marcas contemporâneas da sociedade: negar a morte, a tristeza, o pesar. Esse pode ser um fenômeno recorrente, visto que apropriar-se da morte do outro traz também confronto com a própria finitude e a história de perdas ao longo da vida. A morte de uma pessoa amada pode ser vivida como uma presença ausente, falta, até mesmo como aniquilamento de uma parte de si.

Essa certeza pode constituir um sentido ao viver; é possível viver uma vida mais plena de significado por saber que a vida é finita, de forma que a morte confira um sentido (talvez mais amplo) à existência. Ainda assim, é importante destacar que as pessoas que não conseguem transitar entre olhar para o viver e para o morrer, fixando-se no medo da morte, se aprisionam em medo e angústias insustentáveis. Em *De frente para o sol* (2008), Yalom afirma que "não é fácil viver o tempo inteiramente atento à morte. Seria como se tentássemos olhar diretamente para o sol: existe um limite até o qual conseguimos suportar". Olhar para a morte é também o encontro com o trágico da vida.

Para Cardella (2017), viver é um processo criativo. Desde o nascimento, são constituídas formas criativas de aprender a viver a cada nova fase, a cada novo momento. O ser humano é desafiado a se reinventar e apreender o mundo por meio de diversos olhares e a enfrentar os lutos pelas perdas simbólicas de cada uma dessas fases, ajustando-se criativamente às demandas e exigências de cada etapa do viver.

A infância inaugura o conhecer, o desbravar do mundo; é o tempo do espanto, da curiosidade. A criança tece vínculos afetivos com seus cuidadores, internalizando, a partir dessas matrizes relacionais, a segurança de sustentar seus ciclos, realizando ajustamentos criativos em busca de satisfazer suas necessidades e constituindo seu autossuporte.

No adolescer, novos caminhos são trilhados — amizades, amores e decepções, uma montanha-russa de emoções. Vive-se o luto pelo corpo infantil e pelo caminhar para a vida adulta. Não é, porém, mera transição. São muitos os encontros com o novo, seja na interioridade ou no mundo externo. Se tudo corre bem, chega-se à vida adulta e são exigidas escolhas — carreira, família, estabilidade (ou não). Começa então a caminhada para o encontro com a velhice, que, a depender de como se viveu, vem com o tempo da colheita de tudo o que foi realizado, conquistado, alcançado. Em um ciclo de vida esperado, normativo, nessa fase se começa a olhar mais para a morte e a certeza da finitude fica mais latente. A ancoragem no mundano construída até aqui abre espaço para o ontológico, o tempo da transcendência. Caminha-se agora para o tempo de despedida da vida, o tempo do morrer.

Nesse percurso do viver, é inevitável deparar com a perda das pessoas amadas. Cada processo de enfrentamento de uma perda é único, singular e está relacionado com múltiplos fatores: a qualidade do vínculo com a pessoa perdida, como se deram as perdas anteriores, em que momento da vida essa morte está acontecendo, como ela se deu, quais foram suas circunstâncias e causas. Tais fatores se conjugam e entrelaçam no enfrentamento do processo de luto.

Perdas múltiplas, abruptas ou em momentos precoces do ciclo de vida podem ser ainda mais exigentes. Parkes (2009, p. 159) aponta que "todos os lutos são traumáticos, mas alguns são mais traumáticos que outros". Na concepção do autor, um fato traumático é aquele que transcende os recursos suportivos de uma pessoa, o que sustenta o olhar de que todos os lutos podem exceder essas possibilidades de enfrentamento e desafiar os recursos autossuportivos do enlutado. Não obstante, algumas mortes são ainda mais desafiadoras e podem implicar processos mais complicados de luto.

O encontro com a morte desperta sentimentos, sofrimentos, angústias. A finitude de uma pessoa amada pode ser vivida como o maior desafio da vida, que precisa ser reorganizada em sua identidade, papéis e relações. O processo de luto, ainda que natural, é permeado de sofrimento, transformações e desafios. Trata-se de uma experiência na qual é impossível sair da mesma forma como se entrou. Ainda assim, com todas essas exigências, é uma travessia possível. A esperança pode ser restaurada em novas formas e possibilidades de viver, carregando dentro de si o amor que foi perdido na dimensão física do existir.

## UMA COMPREENSÃO GESTÁLTICA DO PROCESSO DE LUTO

> Escapei da morte várias vezes,
> e muitas vezes ansiei por ela.
>
> PERLS (2023, p. 277)

O processo de luto vem sendo estudado a partir de diferentes olhares e pressupostos desde a obra *Luto e melancolia*, de Sigmund Freud, escrita em 1915 e publicada em 1917.[1] Bowlby (1990), teórico inglês que concebe, em meados de 1950, a teoria do apego, apresenta o luto como processo de rompimento de um vínculo significativo. Para Parkes (1998, p. 170), o luto se refere a um "processo de aprendizagem pelo qual cada mudança resultante é progressivamente compreendida e é estabelecido um novo conjunto de concepções sobre o mundo". Franco (2018, p. 197) aponta que "luto é o processo pelo qual o indivíduo compreende e aceita a perda de um ente querido, adaptando-se à condição de

---

1. O texto pode ser encontrado no volume 12 das *Obras completas* de Sigmund Freud (2010).

viver sem aquela pessoa". Compreende-se então o luto como um processo natural e ativo de elaboração psíquica de uma perda significativa.

São recentes os estudos sobre o luto a partir da perspectiva gestáltica. A obra inaugural da abordagem, *Gestalt-terapia* (Perls, Hefferline e Goodman, 1997) conceitua o luto como "a tensão da perda ou a falta da aceitação da ausência do objeto no campo, para nos retirarmos e nos recuperarmos". Esse olhar pressupõe a compreensão de que perder o outro exigirá um processo de elaboração, de restauração do equilíbrio perdido.

Fukumitsu (em estudos de 2012 a 2019) e Scavacini (em publicações de 2014 a 2019) têm contribuído com um olhar da abordagem sobre os processos de morte e morrer por meio de estudos sobre prevenção e posvenção de suicídio. Freitas (2013) traz luz à construção de um olhar fenomenológico do processo de luto. Concebe tal processo como a ausência do "tu" na relação "eu-tu" apontando que a morte de uma pessoa significativa não consiste apenas na perda de um ente, mas também da parte de si construída nessa relação. Mais recentemente, Bianchi e Camps (2020) e Bianchi et al. (2019) salientam a importância dos recursos heterossuportivos no enfrentamento do luto que possibilitem sustentar o trânsito entre a dor e a esperança, em um processo de autorregulação organísmica.

A Gestalt-terapia é uma abordagem fenomenológico-existencial que compreende o homem como ser-em-relação situado em um campo de forças e influências recíprocas entre o organismo e seu meio. Nesse processo, tanto o indivíduo quanto o ambiente se transformam mutuamente. Perls, grande referência da Gestalt-terapia, tem a experiência com perdas como pano de fundo de sua trajetória. A teoria que ele ajudou a desenvolver, em vez de ter como figura o adoecimento e seus sintomas, busca a saúde, a potencialidade para transformar o meio, propondo que o homem se ajuste à realidade da melhor forma possível em cada momento da vida. De suas chegadas e partidas, idas e vindas, inaugura os pressupostos da abordagem gestáltica, que parte, assentada em sua base fenomenológica, da experiência para a construção do conhecimento. Vida e obra se conjugam nesse percurso.

Para a Gestalt-terapia, sofrimento e criatividade estão relacionados: diante de uma experiência que perturbe o estado de equilíbrio, o organismo se ajusta criativamente para retomar sua autorregulação (Perls, Hefferline e Goodman, 1997). Dessa forma, perante as dores da vida, novas formas de enfrentamento precisam ser criadas para dar conta do vivido. Segundo Bianchi e Camps (2020, p. 223), o crescimento pode ser ou não alcançado na vivência do luto, mas "a Gestalt-terapia nos aponta para esta concreta possibilidade de ressignificar a si próprio e ao viver quando de uma entrega ao conflito em um *continuum* de *awareness*". Juliano (1999, p. 139) relata que "não existem marcos importantes em nossas vidas que não estejam acompanhados de sentimentos de morte, porque não existe crescimento sem finalizações e perdas". Compreende-se, assim, a relação indissociável entre o viver e o morrer. Morre-se simbolicamente a cada dia, a cada transformação, até que a morte concreta seja alcançada. Cada morte é uma mudança: o equilíbrio é afetado e precisa ser restaurado.

Para a Gestalt-terapia, quando ocorre um fato gerador de desequilíbrio, o organismo tende a retomar seu estado de homeostase. Ele o faz por meio do processo de autorregulação organísmica — tendência a atualizar a si mesmo e a seu meio, buscando a retomada do estado de equilíbrio diante de perturbações. É esse processo que permite que as necessidades sejam satisfeitas. Perante o desequilíbrio causado por perturbações oriundas do meio, há um movimento de constituição de ajustamentos criativos para adaptação à nova forma, em um processo contínuo de autoatualização.

Por ajustamento criativo compreende-se a melhor forma encontrada pela pessoa para lidar com determinada questão no aqui e agora, incluindo, nesse processo, tanto os recursos criadores internos do organismo quanto as possibilidades e os limites do ambiente, em profundo dinamismo. Isso permite dizer que, no luto, o ajustamento criativo resultará na melhor forma de enfrentamento da experiência, contando com a potencialidade disponível na relação indivíduo-meio.

Laura Perls (1992) afirma que vida e crescimento se relacionam à possibilidade humana de restauração do equilíbrio diante dos desequilíbrios. Podemos então considerar que o luto é um processo contínuo de mudanças, no qual novos ajustamentos precisam ser criados para enfrentar o desequilíbrio causado pela experiência da perda, buscando a retomada dos processos autorregulatórios. Esse desequilíbrio inicial é saudável e necessário, para que novas formas de viver sejam criadas. Uma experiência dessa intensidade transforma nossa forma de viver, bem como os sentidos que damos a nossa existência, aos outros e ao mundo. Freitas (2010, p. 35) aponta que "a morte em si mesma não tem um sentido, mas permite sentidos àqueles que, a partir da possibilidade do fim, estabelecem uma nova relação com a própria vida e com a própria existência".

Bianchi e Camps (2020) ressaltam ser fundamental que a pessoa em luto tenha seus recursos autossuportivos fortalecidos para conseguir enfrentar toda a desorganização e a dor causadas pela perda, constituindo novas formas de estar no mundo, em um processo de autorregulação organísmica. Freitas (2013, p. 99) frisa que "somos parte uns dos outros e nosso sentido existencial está atrelado ao sentido do que somos para alguém e do que podemos ser na relação com alguém".

Ainda assim, Perls (2023, p. 48) enfatiza: "Eu não seria gestaltista se não conseguisse enfrentar o atolamento com a segurança de que alguma figura emergirá dessa situação caótica.". Tal afirmação nos permite compreender que do caos emergem novas figuras, as quais trazem novas possibilidades existenciais. No momento de caos e desorganização inaugurado pela perda de uma pessoa amada, o novo pode ser criado para permitir que o sofrimento seja vivido e enfrentado. Perls, Hefferline e Goodman (1997), ao falarem sobre o luto, apontam o sentido do sofrimento nesse processo de assimilação:

> [...] o luto, a confusão e o sofrimento são prolongados, porque há muito a ser destruído e aniquilado e muito a ser assimilado, e durante esse período ele não deve se dedicar a seu trabalho sem importância, suprimindo de maneira deliberada o conflito. Por fim, o trabalho de luto se completa e a pessoa está mudada, e adota um desinteresse criativo; imediatamente outros interesses tornam-se dominantes. (p. 166)

Para o atravessamento dessa experiência, é fundamental uma companhia que ofereça recursos suportivos até que a pessoa possa contar com seu próprio autossuporte. Nesse sentido, é importante salientar que o autossuporte é constituído a partir de uma experiência relacional heterossuportiva, ou seja, é fundamental a presença de um outro suporte atento e empático às necessidades da pessoa em luto para que esta se fortaleça com os recursos suportivos desse outro indivíduo. Tal presença pode ser alguém da família, um amigo ou o psicoterapeuta. Esse encontro é fundamental para que se possa abrir a esperança na continuidade da vida. Essa visão gestáltica do luto entende que este acontece no campo vivencial da pessoa. Compreender a relação organismo-ambiente faz-se então fundamental na compreensão da pessoa enlutada. Os fenômenos são compreendidos, assim, a partir das interações nesse campo relacional, em que um outro humano tem papel fundamental de suporte, presença atenta e empática no processo de expressão e assimilação do luto.

Por meio de seus pressupostos e conceitos, a abordagem gestáltica pode contribuir para ampliar a compreensão e a instrumentação de pessoas que trabalham com o processo de luto. Sua visão de homem como processo converge com a perspectiva processual do luto. Além disso, sua fundamentação dialoga com abordagens contemporâneas de estudos sobre essa temática, que vão além da normatização do processo em fases ou estágios, mas buscam oferecer uma compreensão integrada e singular do luto. A partir de sua compreensão sobre o ser humano como um ser inserido no mundo, livre e dotado de escolhas, é possível pensar em uma ampla compreensão do luto com base nessa teoria.

## TECENDO DIÁLOGOS ENTRE A GESTALT-TERAPIA E MODELOS CONTEMPORÂNEOS DE COMPREENSÃO DO LUTO

> É a transitoriedade da vida que engrandece o amor.
>
> PARKES (2009, p. 11)

A Gestalt-terapia sustenta sua visão de saúde no movimento, no fluxo entre polaridades, no ir e vir entre polos.

Por seu turno, pode-se considerar adoecimento a cristalização em um dos polos sem que haja trânsito entre diferentes possibilidades.

Esse olhar para o que é considerado saúde dialoga com o modelo do processo dual do luto proposto por Stroebe e Schultz (1999), para quem o processo de luto é constituído por oscilações não simultâneas e não lineares entre perda e restauração. Parkes (2009, p. 48) aponta que "a primeira se refere à busca dolorosa pela pessoa perdida [...]. A orientação para a restauração é a luta para reorientar-se em um mundo que parece ter perdido seu significado".

Em dizer gestáltico, quando a figura é a perda da pessoa significativa, a restauração desloca-se para o fundo. Na orientação para a restauração ocorre o oposto. Compreende-se então o processo de luto como um fluxo de alternância entre figura-fundo, entre perda e restauração, um caminhar entre essas polaridades. Esse fluir permitirá que da perda possa nascer um sentido, uma destinação, e que esta seja integrada ao viver da pessoa em luto. Cabe salientar que tal movimento não segue padrões ou protocolos. O trânsito entre esses polos se relaciona com fatores diversos, como a qualidade da relação com a pessoa perdida, a vulnerabilidade da pessoa em luto, suas crenças, seus valores, seu sistema de apoio e seus recursos suportivos. Dessa forma, compreende-se o processo de luto em sua individualidade e singularidade.

Quando a perda é figura, há o encontro com a memória da pessoa perdida. Esse encontro pode ser vivenciado por meio de fotografias, roupas, cheiros que despertam sensações. A lembrança é ativada pelas funções de contato. Sentir o toque da roupa, ouvir uma música que guarde imagens e momentos vividos, sentir o aroma de uma comida ou um perfume, contar histórias sobre a pessoa. A vivência da dor

**FIGURA 1** — Modelo do processo dual do luto

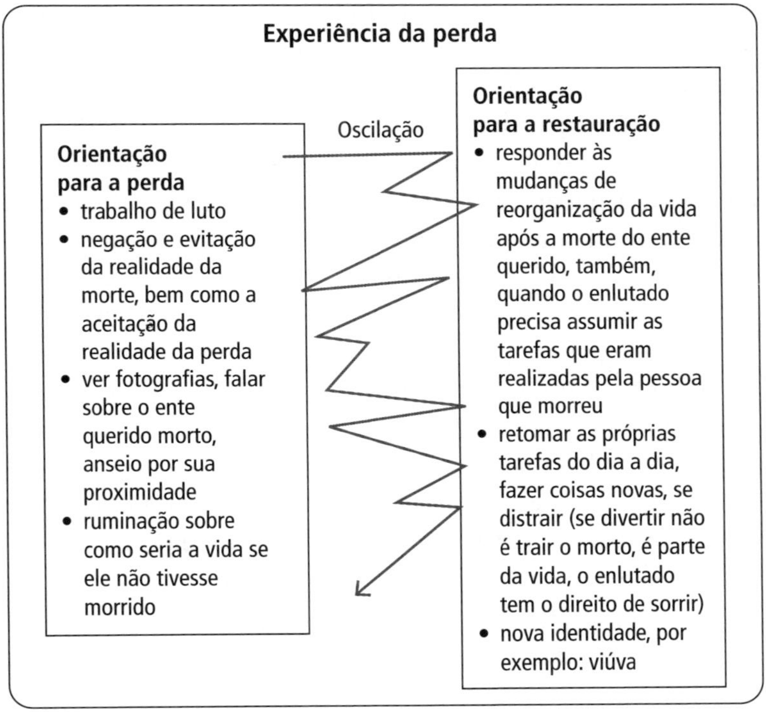

```
┌─────────────────────────────────────────────────────┐
│              Experiência da perda                    │
│                                                      │
│  ┌──────────────────┐         Orientação             │
│  │ Orientação       │ Oscilação para a restauração   │
│  │ para a perda     │         • responder às         │
│  │ • trabalho de luto         mudanças de            │
│  │ • negação e evitação       reorganização da vida  │
│  │   da realidade da          após a morte do ente   │
│  │   morte, bem como a        querido, também,       │
│  │   aceitação da             quando o enlutado      │
│  │   realidade da perda       precisa assumir as     │
│  │ • ver fotografias, falar   tarefas que eram       │
│  │   sobre o ente             realizadas pela pessoa │
│  │   querido morto,           que morreu             │
│  │   anseio por sua         • retomar as próprias    │
│  │   proximidade              tarefas do dia a dia,  │
│  │ • ruminação sobre          fazer coisas novas, se │
│  │   como seria a vida se     distrair (se divertir não│
│  │   ele não tivesse          é trair o morto, é parte│
│  │   morrido                  da vida, o enlutado    │
│  └──────────────────┘         tem o direito de sorrir)│
│                              • nova identidade, por  │
│                                exemplo: viúva        │
└─────────────────────────────────────────────────────┘
```

Fonte: Stroebe e Schut, 1999.

se intensifica nesse polo, mas é necessária para o processo de travessia do luto. Ela permite que a dor vá se acomodando e sendo integrada para que a relação seja transformada e a pessoa perdida entronizada, passando a habitar afetos e memórias.

Essa concepção de internalização do processo de luto é postulada por Klass et al. (citado por Parkes, 2009) e corresponde ao processo de vínculos contínuos. Os autores entendem que, ainda que não haja mais a presença física da pessoa, ela permanece viva dentro de nós, mantendo seu legado, suas histórias e suas lembranças. A continuidade de vínculos só é possível se a morte for assimilada como irreversível; assim, a certeza de que a pessoa se foi também abre a compreensão de que ela sempre estará contida na interioridade do enlutado.

Em outro sentido, há a orientação para a restauração. Nesse voltar a viver, transformações são necessárias. A vida muda a partir da perda de uma pessoa significativa, e nessa mudança reside a necessidade de reorganizar papéis, identidades, tarefas. O cotidiano muitas vezes precisa ser transformado e o enlutado tem de assumir tarefas antes realizadas pela pessoa perdida. A vida segue seu rumo e chama — trabalho, família, amigos vão convocando o enlutado a retomar suas atividades. Muitas vezes, essa orientação é permeada pela culpa, pois ao refazer a vida é como se o enlutado esquecesse a pessoa perdida. É mister compreender que afastar-se do pesar para reconstruir a vida é parte fundamental e necessária do processo de luto.

Ao oscilar entre as orientações de perda e restauração, o enlutado vai assimilando a falta da pessoa que se foi e a nova configuração do mundo sem a pessoa perdida. Novos ajustamentos são exigidos e, a partir da experiência, outros sentidos precisam ser constituídos.

Neimeyer (2001), teórico do construcionismo social, aponta o luto como um processo de reconstrução de significado. De acordo com o autor, o processo de luto pode ser visto como um enredo no qual ocorre a perda de um personagem no decorrer da trama, a qual precisa ser reescrita a partir de um novo sentido.

Para as pessoas que acompanham uma pessoa em luto, é importante ser sensível à necessidade de companhia em cada uma dessas orientações, tanto no viver a dor e a desorganização da perda como no reconstruir a vida. Essa sensibilidade pressupõe um olhar generoso para o sofrimento, para as possiblidades de ajustamento e para o trânsito entre caos e organização. Implica perceber e reconhecer as necessidades do outro, tanto de contato como de retirada. O apoio e o conforto devem ir ao encontro do que o enlutado precisa num momento em que a desorganização se faz figura.

## CONSIDERAÇÕES FINAIS

> A cicatriz tão longe de uma ferida tão perto: a ausente permanência de quem morreu. No meu avô Mariano confirmo: morto amado nunca mais para de morrer.
>
> COUTO (2003, p. 15)

O objetivo deste capítulo foi apresentar um olhar gestáltico para o processo de luto, construindo pontes entre pressupostos da abordagem gestáltica e olhares contemporâneos.

Na psicologia, encontra-se a ideia da cura pela fala. Para a Gestalt-terapia, abordagem que tem como foco o olhar para o inter-humano, a cura acontece no encontro. O homem é ser de relação, respeitando e reverenciando sua alteridade. Esse olhar é a base para compreender aqueles que vivem um luto. A empatia é fundamental para acolher a pessoa em sua possibilidade de expressão de sentimentos acerca da perda, sustentando heterossuportivamente seus ciclos para nomear e destinar a experiência vivida.

A abordagem gestáltica possibilita a transformação e se ampara na abertura, na postura de reverência e inclusão da singularidade da vivência do luto. Confirmar e validar os sentimentos expressos por meio de companhia atenta e empática possibilita o resgate da esperança. Para Suess (2019,

p. 83, tradução nossa), "o foco da Gestalt-terapia no processo reconhece que os enlutados estão em um processo contínuo que requer adaptação, revisão e integração da pessoa que se tornaram após a perda".

A abertura para o encontro, a presença atenta e a inclusão conferem à abordagem um olhar cuidadoso para o sofrimento, que, ainda que difícil, pode ser vivido como crescimento e autoatualização. Hycner (1995, p. 114) aponta que presença é "estar o mais completamente disponível para a outra pessoa num dado momento — sem a interferência de considerações ou reservas. É a consciência que se dirige completamente ao 'processo de existir' da outra pessoa". Essa abertura pressupõe estar com o outro sem julgamentos ou pré-concepções de como a experiência de luto deve ser vivida, em uma aproximação genuína e empática do sofrimento.

Franco (2018, p. 197) salienta que "resta a necessidade de entender o papel da tristeza no luto num mundo que valoriza a alegria, o sucesso, o bem-estar, o esquecimento, e não as lições da memória". Em um mundo sem espaço para o trágico, encontrar companhia no processo de luto pode ser a abertura para a esperança no viver.

Luto é processo, é travessia habitada por lembranças, dores, significados e sentidos. É uma travessia árdua, exigente, mas possível.

REFERÊNCIAS

Alves, R. *Do universo à jabuticaba*. São Paulo: Planeta, 2012. E-book.

Bianchi, D.; Camps, P. "Luto e enfrentamento na contemporaneidade". In: Marras, M. (org.). *Angústias contemporâneas e Gestalt-terapia*. São Paulo: Summus, 2020. p. 200-28.

Bianchi, D. P. et al. "Possibilidades da clínica gestáltica no atendimento de crianças enlutadas". *Estudos e Pesquisas em Psicologia*, v. 19, n. 4, p. 1018-35,

2019. Disponível em: https://doi.org/10.12957/epp.2019.49299. Acesso em: 11 jan. 2023.

Bowlby, J. *Apego e perda 1: Apego — A natureza do vínculo*. 2. ed. São Paulo: Martins Fontes, 1990.

Cardella, B. H. P. *De volta para casa — Ética e poética na clínica gestáltica contemporânea*. Amparo: Foca, 2017.

Couto, M. *Um rio chamado tempo, uma casa chamada terra*. São Paulo: Companhia das Letras, 2006.

Franco, M. H. P. "Pesquisas e práticas sobre o luto no exterior e no Brasil". In: Fukumitsu, K. O. (org.). *Vida, morte e luto — Atualidades brasileiras*. São Paulo: Summus, 2018. p. 193-206.

Freitas, J. L. *Experiências de adoecimento e morte*. Curitiba: Juruá, 2010.

_____. "Luto e fenomenologia: uma proposta compreensiva". *Revista da Abordagem Gestáltica*, v. 19, n. 1, p. 97-105, jul. 2013. Disponível em: http://pepsic.bvsalud.org/scielo.php?script=sci_arttext&pid=S1809-68672013000100013&lng=pt&nrm=iso. Acesso em: 7 mar. 2023.

Freud, S. *Introdução ao narcisismo, ensaios de metapsicologia e outros textos (1914-1916)*. São Paulo: Companhia das Letras, 2010. (Obras completas, v. 12).

Hycner, R. *De pessoa a pessoa — Psicoterapia dialógica*. São Paulo: Summus, 1995.

Juliano, J. C. *A arte de restaurar histórias*. São Paulo: Summus, 1999.

Juliano, J. C; Felippe, I. J. *O tear da vida — Reflexões e vivências psicoterapêuticas*. São Paulo: Summus, 2017.

Neimeyer, R. *Meaning reconstruction & the experience of loss*. Washington: American Psychological Association, 2001.

Parkes, C. M. *Luto — Estudos sobre a perda na vida adulta*. São Paulo: Summus, 1998.

_____. *Amor e perda — As raízes do luto e suas complicações*. São Paulo: Summus, 2009.

Perls, F. S. *Escarafunchando Fritz — Dentro e fora da lata de lixo*. 5. ed. rev. São Paulo: Summus, 2023.

Perls, F. S.; Hefferline, R.; Goodman, P. *Gestalt-terapia*. São Paulo: Summus, 1997.

PERLS, L. *Living at the boundary*. Nova York: The Gestalt Journal Press, 1992.

STROEBE, M; SCHUT, H. "The dual process model of bereavement: rationale and description". *Death studies*, v. 23, n. 3, p. 197-224, abr./maio, 1999.

SUESS, B. "Bereavement: an evolution". *Gestalt Journal of Australia and New Zealand*, v. 15, n. 2, p. 73-95, 2019. Disponível em: https://www.ganz.org.au/wp-content/uploads/woocommerce_uploads/2019/07/GANZ-Journal-Vol-15-No-2-May-2019.pdf. Acesso em: 11 jan. 2023.

YALOM, I. *De frente para o sol — Como superar o terror da morte*. Rio de Janeiro: Agir, 2008.

# O ATENDIMENTO CLÍNICO NO CONTEXTO PANDÊMICO — CONHECENDO O NÚCLEO PAULISTA DE ATENDIMENTO A PESSOAS EM LUTO

ALEXSSANDRA FREITAS
CAROLINA FREIRE GERON
MARTA REGINA MONTEIRO DE SOUZA
PATRÍCIA BARRACHINA CAMPS
RENATA R. RANIERI
ROSILENE VIANA ZUZA AMORIM

## INTRODUÇÃO

Este capítulo se propõe a apresentar o trabalho realizado pelo Núcleo Paulista de Atendimento a Pessoas em Luto (NPAPL) do Instituto Gestalt de São Paulo (IGSP). No início de 2020, fomos assolados por um vírus mortal, que rompeu com nosso mundo presumido e nos obrigou a recriar formas de viver. Nosso tempo mudou. Em 2021, nesse contexto pandêmico, esse núcleo foi pensado, planejado e colocado em prática a fim de acolher e prestar apoio terapêutico àqueles que foram impactados pela perda de pessoas queridas para a covid-19. Em abril daquele ano, a doença produzia mais de mil novas vítimas por dia. Em janeiro de 2023, o número total de mortos no Brasil é de 697 mil pessoas.[1]

O historiador israelense Yuval Harari escreveu diversos artigos sobre a pandemia para importantes veículos de comunicação ao redor do mundo. Para o autor, "epidemias desempenharam um papel central na história humana desde

---

1. Dados retirados do site Coronavírus Brasil. Disponível em: https://covid.saude.gov.br/. Acesso em: 11 jan. 2023.

a Revolução Agrícola e frequentemente deflagraram crises políticas e econômicas" (Harari, 2020, p. 8). Vimos essa realidade acontecer no Brasil e em outros países do globo. Porém, outra área que demanda grande atenção em períodos pandêmicos e, por vezes, não recebe a atenção merecida é a da saúde mental. Um estudo realizado por Lee e Neimeyer (2022) sobre o luto na pandemia de covid-19 revela que para cada pessoa morta há nove enlutadas. Esse dado nos permite compreender a delicadeza e a complexidade do momento, com as exigências de um luto vivido muitas vezes de forma solitária, tendo em vista a necessidade do isolamento social.

Diante desse cenário de milhares de pessoas atravessando seu processo de luto por morte, somado às inúmeras perdas simbólicas vividas naquele momento — perda do convívio social, de emprego, adiamento de sonhos planejados —, entendemos a relevância de nos organizarmos para oferecer um serviço de acolhimento e criamos, como fruto do curso "Luto: travessia possível", um espaço de atendimento terapêutico para pessoas em luto.

O NPAPL é composto por alunos formados em Gestalt-terapia e com extensão no curso de luto, que também precisou se ajustar para o formato *on-line*. Inicialmente organizado para ser presencial, foi reestruturado para dar conta da chegada da pandemia, o que trouxe a necessidade de reformulação — haja ajustamentos criativos! Logo no início do curso, foi possível entender que transcenderíamos os conceitos de perda e luto, caminhando pelos aspectos de formação e rompimento de vínculos, formas de viver a experiência do luto, como esta ocorre nos ciclos de vida e possibilidades de intervenção terapêutica. Além disso, caminhadas profissionais e pessoais se entrecruzaram, e histórias das nossas perdas se somaram aos conceitos teóricos, à compreensão e ao manejo clínico, visto que ao acolher uma pessoa em luto acolhemos também nossos próprios lutos. Cuidávamos de pessoas passando pela experiência pandêmica enquanto vivíamos os nossos próprios desafios nesse contexto.

Contando com turmas comprometidas e engajadas em uma formação que proporcionou conteúdo sem perder a sensibilidade que o atendimento exige, guiados por professores que nos brindaram com sabedoria e disponibilidade durante todo o percurso, fizemos inúmeros questionamentos, como: Quais são os diálogos possíveis? Quando podemos fazer uma intervenção respeitando o processo da pessoa que está sendo atendida? Que sentimentos e instrumentos estão presentes nos atendimentos e podem ser utilizados a favor do processo do cliente? Diversas outras perguntas nos permitiam aprofundar o conhecimento sobre esses temas.

Atualmente o NPAPL é composto por 12 psicólogos, que disponibilizaram horários de atendimento de forma voluntária. Agradecemos a Alexssandra Freitas, Edicarla dos Santos, Fátima de Souza, Laís Freitas, Lilian Nascimento, Marta Regina de Souza, Maurício Guimarães, Omar Ilhan, Renata Ranieri, Rosilene Amorim, Carolina Geron e Patrícia Camps (como coordenadora do grupo) pelo comprometimento com o trabalho e pelo suporte sério e acolhedor. Mantemos encontros semanais para aprofundamento e supervisão dos casos, um momento fértil para aprender e realizar trocas entre a equipe.

O IGSP, instituição que hospeda esse núcleo, tem papel fundamental na realização do nosso trabalho. Inicialmente, esse canal de atendimento foi aberto para aqueles que vivenciavam o luto de uma pessoa querida em decorrência da morte por covid-19. Porém, com o aumento da procura por atendimento de pessoas com outros tipos de perda, expandimos a nossa área de atuação para também oferecer acolhimento a essas demandas.

Das pessoas interessadas que buscaram atendimento, bem como daquelas que foram, de fato atendidas, sobressaíram dados que fomentaram importantes reflexões. Das quase 30 pessoas que entraram em contato nesse período, tivemos apenas um atendido do sexo masculino. Esse contraste chama a atenção e nos faz questionar aspectos do luto masculino: na atualidade, os homens buscam menos suporte psicoterapêutico. Outro dado importante é que uma parcela representativa das mulheres é composta por viúvas, de diferentes faixas etárias. Em relação à idade, percebemos uma significativa procura de pessoas idosas por atendimento, pessoas que nunca haviam feito terapia e, mesmo com algumas dificuldades para utilizar a tecnologia das plataformas *on-line*, mantiveram uma participação bastante assídua.

O núcleo atualmente abrange os atendimentos da clínica social, o grupo de supervisão e o curso de extensão, e tem o desejo de contribuir ainda mais com a sociedade — por meio de grupos de apoio e oferecendo grupos de estudos e *workshops*, bem como rodas de conversa e escritos técnicos. Entendemos a necessidade de um trabalho de qualidade nessa área de morte e luto, que ainda tem muito a crescer, além da importância de oferecer um serviço que preze pelo cuidado e respeito àqueles que nos procuram num momento tão delicado e atravessado por sofrimentos.

## NOSSO CONTEXTO: A PANDEMIA DE COVID-19

A pandemia do coronavírus foi comparada com diversas catástrofes do passado, como a gripe espanhola de 1918 e, mais recentemente, o número de casos de HIV/aids nos anos 1980. No entanto, no caso da covid-19, um importante fator agravante é o nível de globalização ao qual estamos submetidos, que faz que seja muito mais fácil e rápido o fluxo de pessoas de um local para o outro, acelerando a disseminação de doenças.

A sensação de segurança que tínhamos no mundo contemporâneo foi abruptamente rompida. As grandes potências mundiais foram surpreendidas com sua incapacidade de conter a crise e seus efeitos, apesar de todos os recursos científicos, tecnológicos e econômicos disponíveis. Diante da impotência constatada, a única possibilidade, naquele momento, foi recorrer a recursos básicos de higiene e isolamento social, transformando assim a forma de viver e conviver em sociedade.

Ao escrever *O trauma da pandemia do coronavírus* em setembro de 2020, o psicanalista Joel Birman se mostrou seguro ao prever consequências e efeitos catastróficos e aterrorizadores: "Não é necessário ter bola de cristal ou fazer exercício astrológico de previsão para afirmar o que existe de absolutamente funesto do ponto de vista da saúde somática e da saúde mental na morte de 12.500 pessoas por dia em uma escala internacional, num cenário macabro de quase 300 milhões de mortes ao todo" (p. 19).

Tal previsão narrada pelo autor foi corroborada por estudos de diversos pesquisadores, agências de fomento e instâncias de investigação internacional, que fizeram prognósticos terríveis sobre os efeitos da pandemia e pós-pandemia: fome e mortes em larga escala, desemprego e miséria em proporções jamais vistas na sociedade moderna. Desnecessário debater, no presente e no futuro, se tais previsões não se materializaram em sua plenitude, posto que a relevância no momento configurou o estresse gerado e o impacto na saúde mental da população.

De acordo com Birman (2020, p. 17), "para a OMS o estresse está atravessando a todos na atualidade em escala mundial, não apenas pelo isolamento social e físico a que estamos submetidos neste tempo histórico, mas também pelos efeitos sociais, culturais e econômicos que a pandemia já promoveu até o momento e que continuará a produzir ainda mais no futuro".

Para o autor, a pandemia deve ser analisada de três óticas: as características biológicas do vírus; a pandemia como experiência ao mesmo tempo sanitária, social, econômica, ecológica, política e cultural; e as singularidades nas quais se evidenciam o indivíduo como organismo e o sujeito no campo psíquico. Esta última dimensão é a que nos desperta interesse. Vamos discorrer sobre as mudanças impostas aos indivíduos nas suas singularidades e na coletividade. Há de se considerar, porém, que lidamos com algo novo, sem um distanciamento temporal que permita compreender as consequências da pandemia a longo prazo.

No início, as transformações foram uma estratégia de sobrevivência; o isolamento social se fez necessário e foram realizados ajustes criativos para trabalhar, estudar, consumir e se relacionar. Começavam a aparecer alguns benefícios secundários do isolamento — as pessoas tinham mais tempo em casa com a família, não havia trânsito, empresas continuavam a produzir e até reduziram os custos. As instituições educacionais se adaptaram e as aulas continuaram a acontecer de forma *on-line*, surgiram as *lives* — transmissões ao vivo — de diversos tipos de conteúdo, o *e-commerce* cresceu exponencialmente e aprendemos a lidar com a tecnologia, que passou a permear todas as relações.

Para algumas pessoas, tais mudanças, apesar das incertezas e medos, provocavam certo otimismo, e vimos surgir uma onda de solidariedade, autoconhecimento, autorreflexão, com produção de shows caseiros, aulas de ioga, meditação e relaxamento, com receitas de autocuidado para enfrentar o momento. O mundo dava demonstrações de amor ao próximo, de sentimento de coletividade e de mudança de valores.

Contudo, essa não era a única faceta da pandemia: seu lado cruel e traumático também existia e se fazia presente de forma bastante intensa. Diferenças sociais foram escancaradas: o surto pandêmico afetou as diversas populações de maneira desigual, atingindo de forma mais contundente os mais vulneráveis e sobrecarregando outros, como profissionais das áreas de saúde, segurança, abastecimento e limpeza.

Aos poucos, esse otimismo e esperança foram dando lugar ao cansaço, e os sentimentos de insegurança, desesperança e desamparo eram compartilhados por muitos à nossa volta. Sabíamos que a vida era uma aventura, que não tínhamos controle do futuro, mas nunca essa realidade fora tão presente e compartilhada por quase todos os habitantes do planeta ao mesmo tempo.

Na obra *É hora de mudarmos de via — As lições do coronavírus* (2020), Edgard Morin nos faz refletir sobre aquilo que tivemos a oportunidade de aprender. Consideramos relevante trazer algumas questões de seu texto para refletir: como vivemos? Foi inevitável questionar as nossas reais necessidades, o que é essencial, como vivem aqueles que nunca tiveram acesso ao supérfluo, ao fútil, cujo cotidiano se limita a casa e trabalho.

Pensávamos ter dominado a natureza, deixado as grandes pandemias para trás, eliminado vírus e bactérias. Até que a aids e o coronavírus nos lembraram da nossa fragilidade, da nossa precariedade. Esse contexto nos remeteu à incerteza diante da vida: encaramos um mundo no qual ninguém tinha resposta para o que estávamos vivendo, nem sobre como seria o futuro. Foi preciso reconhecer que a vida é uma aventura incerta.

A sociedade contabilizava seus mortos, as pessoas morriam sozinhas, intubadas sem nenhum tipo de contato humano, a não ser com médicos e enfermeiros totalmente paramentados. Nossos rituais de despedida, tão necessários para a travessia do luto, precisaram ser modificados. O impacto dessas mudanças ainda não podem ser totalmente entendidos e se configuram como mais uma incerteza para que lidemos no futuro.

O que entendemos é que nós, psicólogos, temos um árduo caminho de trabalho pela frente. Nossa missão é acolher essas pessoas e oferecer um pouco de alívio a tanta dor e tanto sofrimento.

## NOSSOS ATENDIMENTOS

O processo de luto é singular e se desenvolve conforme as características do enlutado e as circunstâncias da morte. Com o advento da pandemia, ocorreram mudanças significativas na vida da população, destacando-se o isolamento social e suas consequências. O Conselho Federal de Psicologia regulamentou a prestação de serviços psicológicos realizados por meio de tecnologias da informação e comunicação.

Os clientes chegavam para o atendimento em estado de sofrimento diante da perda de um ou vários entes queridos, além da angústia e da ansiedade causadas pela mudança abrupta de estilo de vida. Coube a nós oferecer heterossuporte nessa travessia, acolhendo sua dor, seus temores e seu processo de luto.

Uma premissa fundamental da Gestalt-terapia é o vínculo que se cria na relação estabelecida entre psicólogo e cliente, e tivemos de aprender a construir um vínculo com alguém que está do outro lado da tela, sem a possibilidade do toque e sem a proximidade física com que atendemos.

Foi necessário (re)construir através das telas a atitude de presença e disponibilidade para o enlutado, acolhendo, oferecendo uma escuta empática, legitimando a dor, o sofrimento e respeitando as possibilidades de cada cliente.

Para Hycner e Jacobs (1997), nesse instante, precisamos colocar todos os nossos pressupostos entre parênteses, o que nos possibilita estar a serviço do outro. Os autores consideram que essa postura requer muita disciplina e uma escuta obediente. Buber (citado por Hycner e Jacobs, 1997, p. 27) vislumbra o diálogo genuíno da seguinte forma:

> O principal pressuposto para o surgimento de um diálogo genuíno é que cada um deveria olhar seu parceiro como a pessoa que realmente é. Torno-me consciente dele, consciente de que ele é diferente, essencialmente diferente de mim, de uma maneira única e definida que lhe é própria; e aceito a quem assim vejo, de forma que eu possa plenamente dirigir o que digo a ele, como a pessoa que é.

Ao exercitar esse olhar e essa escuta, compreendemos que a dor do outro é única, singular e individual. Dessa maneira, é possível estar nessa relação e ajudar nessa travessia tão dolorosa e delicada. Na concepção de Hycner e Jacobs (1997) é o "entre" que vem a ser a fonte da cura, entendida em Gestalt-terapia como crescimento.

Estávamos inseridos no mesmo contexto pandêmico que os nossos clientes, precisando assim lidar com os nossos próprios lutos, em uma experiência desafiadora.

Percebemos, com os atendimentos, que muitas pessoas que nos procuraram nunca haviam feito terapia. Isso exigiu uma psicoeducação sobre o processo psicoterapêutico, sobre as questões de sigilo e privacidade durante as sessões e sobre a importância da pontualidade e da assiduidade.

Além disso, enlutados que não tinham familiaridade com a internet precisaram ser ensinados a utilizar as plataformas disponíveis.

Passado esse momento inicial, os relatos que ouvíamos nos colocavam diante da dor aguda de perder alguém que se ama. O sofrimento era tão grande que falas como: "Isso que eu estou sentindo é normal?", "Quando vai passar?", "Meu marido entrou andando no hospital e saiu num saco plástico", "Não consegui me despedir", "Eu pedi tanto para Deus" e outras tantas nos impactavam a cada atendimento.

Um fato comum a quase todos os casos atendidos em nossa clínica foi o relato da sensação de não se sentirem compreendidos pelo meio, que muitas vezes não oferecia o apoio emocional necessário ao enlutado. Além disso, o julgamento percebido pelas pessoas em luto também foi algo que chamou nossa atenção nos atendimentos. Os clientes relataram que pessoas próximas questionavam a intensidade da dor, a temporalidade do luto, pondo em dúvida sua impossibilidade de trabalhar ou de retomar atividades que antes eram comuns no dia a dia.

Com uma fala acessível e cautelosa, nós lhes ensinávamos a importância de que respeitem o próprio tempo, a constituição de recursos suportivos para enfrentar esse momento, a identificação de redes de apoio para atuar como suporte emocional. E, assim, acompanhávamos os nossos clientes em suas travessias do luto.

Algo muito importante é o nosso grupo de supervisão, no qual recebemos suporte técnico para nossas dúvidas e encontramos um espaço receptivo e acolhedor para compartilhar nossas inseguranças e angústias diante dos casos. Assim seguimos com nossa travessia, sustentado os ajustamentos e os processos de autorregulação de nossos clientes. Para Bianchi e Camps (2020, p. 222):

A perda de um ente querido pode ser vivida como uma nova informação advinda do ambiente que proporciona, desde uma nova experiência de ruptura com impacto emocional de manutenção até uma vivência trágica com grande desorganização, que exigirá um processo de autorregulação intenso e demorado.

Dessa forma, tornamo-nos base segura, sensível às possibilidades, validando os sentimentos que surgiam nesse caminhar e a reorganização do enlutado. Foi uma tarefa permanente nas nossas atuações, para que pudessem ser criadas novas formas de viver.

## CONSIDERAÇÕES FINAIS

A pandemia da covid-19 impôs um cenário de muitas limitações, gerando, como vimos, angústia, medo, renúncias e lutos. A angústia apareceu intensamente no relato dos clientes; por isso, uma escuta diferenciada perante os enlutados que nos procuraram em sofrimento foi mais do que necessária.

A mudança do trabalho presencial para o virtual precisou de ajustamentos que envolveram aspectos exigidos pelo conselho profissional que rege nossa atuação, mas também o manejo em si, utilizando novos recursos e novas formas de intervenção. Uma das possibilidades clínicas foi oferecer alternativas para ritualizar as despedidas, já que não se podia estar presente nos sepultamentos.

De nós, foi necessário um compromisso para ajudar essas pessoas em sua travessia diante da perda de um ente querido com a delicadeza que o momento convocava.

O luto solicita uma nova organização familiar e nas relações, sendo um processo intenso, em muitos momentos doloroso, provocando uma alteração na realidade como conhecíamos. Ainda assim, "poder ter lugar na vida de alguém e ser lugar de alguém na vida constituem o sentido maior de uma existência plena em significado. Essa forma de viver implica muita coragem, pois para isso apropriar-se da finitude de si e do outro é fundamento" (Bianchi e Camps, 2020, p. 227).

O mundo que conhecíamos já não existe mais. Ele foi reconfigurado, exigindo uma confrontação para lidar com esta nova realidade, havendo momentos de tentativa de evitação e uma oscilação entre a perda da pessoa querida e esta nova vida que se inaugura.

Por fim, salientamos também a importância de cuidar da saúde mental dos profissionais de saúde diante das adversidades vivenciadas nesse contexto de grave emergência de saúde pública; além da terapia individual, grupos de pertencimento — como nossas terças à noite, nas quais nos tornamos comunidade de destino, oferecem suporte e cuidado em nossas travessias.

REFERÊNCIAS

BIANCHI, D.; CAMPS, P. "Luto e enfrentamento na contemporaneidade". In: MARRAS, M. (org.). *Angústias contemporâneas e Gestalt-terapia*. São Paulo: Summus, 2020.

BIRMAN, J. *O trauma na pandemia do coronavírus*. Rio de Janeiro: Civilização Brasileira, 2020.

HARARI, Y. N. *Notas sobre a pandemia — E breves lições para o mundo pós--coronavírus*. São Paulo: Companhia das Letras, 2020.

HYCNER, R.; JACOBS, L. *Relação e cura em Gestalt-terapia*. São Paulo: Summus, 1997.

LEE, S. A.; NEIMEYER, R. A. "Pandemic grief scale: a screening tool for dysfunctional grief due to a covid-19 loss". *Death Studies*, v. 46, n. 1, p. 14-24, 2022.

MORIN, E. *É hora de mudarmos de via — As lições do coronavírus*. Rio de Janeiro: Bertrand, 2020.

# LUTO — A CLÍNICA DA DELICADEZA

DANIELA PUPO BIANCHI

## INTRODUÇÃO

> Luto e perda podem ser reveladores
> e tornar alguém consciente de seu ser.
>
> YALOM (2008, p. 41)

O luto é um processo desafiador e imprevisível. Cada pessoa vive essa experiência de forma diversa e pessoal. Isso porque a perda envolve uma série de questões que podem facilitar ou dificultar essa travessia: proximidade com a pessoa perdida, recursos psíquicos do enlutado, rede de apoio e suporte, forma como a morte se processou, dificuldades e desafios na reconstrução do viver, relação que o enlutado tem com o tema da morte e do morrer.

Camps e Hwang (2020/2021, p. 77) apontam que

> a dor da perda, da ausência do outro é subjetiva, assim como a vivência do tempo da perda. Um lugar interno é construído para a morada desta experiência, para a entronização desta relação, que, transformada, permanece nas memórias, nos afetos de quem fica.

Assim, o luto nos provoca diversas sensações em diferentes dimensões, sobretudo porque encarna a morte em seu irrecusável brilho. Isso quer dizer que a morte de alguém próximo remete ao próprio diálogo existencial sobre o morrer: implica pensar na vida como finita, nos sonhos como interrupções abruptas, nos vínculos como transformáveis, nas certezas como mutáveis e na segurança como transitória.

Há uma sobrecarga emocional durante o processo de elaboração da perda, o que exige que o enlutado receba heterossuporte e delicadeza do ambiente. O luto é uma experiência tanto desorganizadora quanto transformadora, na qual o mundo presumido pede uma reformulação, e lugares antes certos tornam-se instáveis.

Casellato (2020, p. 27) reforça essa ideia afirmando que,

> diante dessa desordem imposta, tudo que se concebe como certo e garantido se desfaz, e o indivíduo se vê forçado a reconstruir um novo modo de viver para se sentir seguro. Portanto, a quebra do mundo presumido é, sem dúvida, uma ruptura de grande impacto no equilíbrio mental.

"Mundo presumido" é um termo cunhado por Colin Parkes em 1971 "para aquele aspecto no mundo interno que é tido como verdadeiro" (Parkes, 2009, p. 43). O mundo presumido contém ideias, pressuposições, crenças sobre os objetos, concepções sobre as pessoas, sobre os relacionamentos e sobre a forma de viver, dentre outras coisas. Constituir um mundo presumido permite ao indivíduo um certo grau de segurança e estabilidade no viver. A perda de alguém significativo pode romper com essa compreensão do mundo presumido, exigindo uma reconstrução.

Embora o luto seja um convite à profundidade, porque movimenta crenças, princípios e leva a questionamentos existenciais, o enlutado pode se sentir em profunda fragilidade e sensibilidade. Os acontecimentos ao redor ficam no superlativo, parecem ganhar um contorno muito maior do que o real. Dessa forma, o ambiente, como heterossuporte, precisa acolher essa pessoa como se cuidasse de um recém-nascido: gestos leves, voz suave, toque delicado, respeito a um ritmo mais lento. O enlutado necessita do outro-suporte para lhe dar contorno novamente, de voz delicada para lhe indicar lugares e de olhos amorosos para ver a dor e as necessidades que podem se tornar confusas. Há muito barulho e caos no mundo interno da pessoa em luto, razão pela qual ela precisa de silêncio e ordem externa para tentar se reorganizar a cada pequeno passo que dê em direção a novas formas de viver. O luto exige uma clínica da delicadeza, de outro-humano que se apresente em calma e abertura para acolher o difícil, o inexplicável, o imponderável.

E, nessa experiência, o psicoterapeuta aparece como lugar de repouso, segurança e ordem para o enlutado. Exige-se do profissional que recepciona uma pessoa que vive uma perda uma postura terapêutica com muita presença, escuta, acolhimento e inclusão.

## A RELAÇÃO DIALÓGICA

> Como psicoterapeutas não podemos indicar a verdade que temos, mas somente a verdade que buscamos entre nós, entre médico e paciente.
>
> TRÜB (citado por HYCNER, 1995, p. 71)

Entre os pressupostos da Gestalt-terapia estão o cuidado e a importância da relação humana. Segundo a abordagem, por meio do encontro o indivíduo cresce, transforma-se e produz transformação no ambiente. Essa ideia se assenta no princípio dialógico trazido pelo filósofo Martin Buber (1878-1965) em sua obra *Eu e tu*, publicada no Brasil em 1974.

Buber percebia uma crise no relacionamento humano, exacerbada pela prevalência da individualidade. Essa ênfase trazia, em consequência, um sentimento de isolamento, alienação e o narcisismo. Para ele, a dimensão do inter-humano acontece pelo diálogo *entre* as pessoas, ou seja, o que é vivido e experimentado entre os indivíduos (citado por Hycner, 1995). E, segundo esse ponto de vista, o encontro ajudaria o ser humano a sair de sua solidão; seriam criados mais recursos para sustentar a intimidade em que o outro se torna presença e totalidade para mim.

É importante enfatizar que o dialógico não se refere ao discurso, mas ao fato de que o ser humano é inerentemente relacional. Para Buber, todo viver verdadeiro é encontro que acontece no espaço do *entre*, que é a "esfera da qual todos participamos quando estamos envolvidos e verdadeiramente interessados em outra pessoa: transcendemos o senso de identidade que normalmente conhecemos" (citado por Hycner, 1995, p. 25). Assim, esse espaço-experiência que chamamos "entre" é um elemento constitutivo da existência humana, portanto ontológico. No encontro, o indivíduo se desenvolve e promove a transformação do outro, em fluxo de crescimento e vir a ser.

Conforme aponta Cardella (2017, p. 124, grifos da autora),

> [...] o crescimento acontece e se constitui na experiência, que é o que ocorre *entre* o eu e o não-eu; para constituição do si mesmo é necessário que haja *outro*, o homem é ser de *fronteiras*.
> 
> A presença do outro nos permite desenvolver o processo de conscientização tanto da consciência imediata e implícita do campo (*awareness*), quanto da consciência reflexiva (*consciousness*), que estimula o pensamento, a reflexão, a compreensão etc.
> 
> Ao ampliar suas zonas e dimensões de consciência, a pessoa estará mais disponível para estabelecer vínculos de qualidade, assumindo responsabilidades e atualizando seu potencial para o crescimento, num processo de realização singular.

Quando pensamos em luto, a base dialógica mostra-se fundamental. O espaço do *entre* torna-se, então, morada para que a pessoa em sofrimento possa expressar sua dor, suas dúvidas, suas angústias; é ali que a fragilidade comparece e precisa ser acolhida na delicadeza exigida para o momento.

Ao terapeuta, cabe a preparação do terreno comum, criando um espaço potencialmente aberto para o surgimento do encontro, mas, sobretudo, para a revelação do sofrimento. Esse côncavo amoroso criado na interioridade do terapeuta é posição ética e estética necessária para que o enlutado-cliente alcance suporte na instabilidade e na fragilidade da condição humana em travessia do luto.

## ATITUDE TERAPÊUTICA

> O terapeuta torna-se, na maioria das vezes, acompanhante e, mais raramente, guia de uma enorme jornada. A sensação, de início, é de excitação e susto, já que ele sabe que não pode sair ileso dessa aventura: quando retornar ao ponto de partida, também estará transformado.
>
> JULIANO (1999, p. 22)

Como atender a uma pessoa enlutada? Que pressupostos éticos e estéticos estão presentes no processo de luto? Qual é a melhor atitude terapêutica para acompanhar uma pessoa que faz essa difícil travessia?

A chegada do cliente ao consultório já é um grande pedido de ajuda. Nem sempre a pessoa tem plena consciência do que está precisando, de qual é sua necessidade no momento e das razões que a impulsionaram até ali.

Porém, o luto carrega em seu cerne uma dor importante que é facilmente localizada, mas a travessia dessa experiência é em geral desconhecida. O enlutado foi jogado em um mar de sentimentos, sensações, imagens e memórias que o atravessam e, muitas vezes, desorganizam seu cotidiano e não deixam que ele conduza sua vida de forma harmoniosa.

Lembro-me de um cliente de cerca de 50 anos que havia perdido a mãe. Na fala dele, demonstrava o inconformismo por não conseguir cumprir suas tarefas diárias: reclamava de uma desatenção que o levava a demorar mais tempo para executar coisas simples. Somada a essa queixa, não compreendia por que estava tão abalado, já que sua mãe era uma pessoa idosa que estava doente havia alguns anos. Foi importante para esse cliente compreender como o luto se processa, e mais: que na perda de alguém tão significativo movimenta-se muito conteúdo psíquico, exigindo energia para sua restauração.

Assim, a busca de um profissional que possa dar contorno e orientação nesse processo é fundamental para algumas pessoas que perderam alguém significativo. A opção pela terapia já é radical. Juliano (1999, p. 41) afirma que "estar em terapia, relacionando-se com o terapeuta, constitui o maior de todos os experimentos. Eleger alguém para ouvir histórias e queixas que foram guardadas com tanto cuidado e por tanto tempo é um ato radical de escolha".

Não raro, na experiência da clínica com enlutados, percebemos que a pessoa chega desorientada, com um ritmo de narrativa confuso e, por vezes, lento, pedindo ajuda para compor aquela vivência de sentimentos novos e intensos, na busca de restaurar seu cotidiano. Muitas vezes, o cliente não percebe que há necessidade de criar novas formas para esse momento, revisando a percepção de si e do mundo à sua volta.

> O ajustamento a uma nova realidade exige uma acomodação assentada em novos valores e crenças. Vale destacar que certa resistência

para se adaptar às mudanças é esperada e natural e deve ser respeitada pelo grupo social ao redor do enlutado. A necessidade de se "agarrar" ao mundo presumido é instintiva e uma efetiva prova de que se está alerta e pronto para enfrentar o "perigo" imposto pela dor do luto. (Casellato, 2020, p. 28)

Diante do exposto, algumas atitudes do terapeuta são relevantes para que o enlutado se sinta recepcionado em sua travessia. São elas: presença, escuta e inclusão.

## PRESENÇA

> A humildade só pode acontecer quando estamos assentados na *Precariedade Originária*, quando somos capazes de sentir a *Compaixão* que abriga a abertura do coração. Isto implica a capacidade de viver o Silêncio em suas dimensões: o silêncio do espírito, que é reverência ao *mistério*, o silêncio da mente, que é *presença*, o silêncio do coração, que é *amor*, e o silêncio do corpo, que é *repouso*.
>
> CARDELLA (2017, p. 66)

A pedra angular de todo processo terapêutico — na clínica do luto não é diferente — é a presença. O terapeuta precisa "ser presença" para seu cliente durante as sessões. Presença é mais que acolhimento humano. Estar presente envolve a totalidade do terapeuta, que se abre para o mistério do outro que se encarna em gesto, ato, ação, silêncio, palavra, e acontece no "entre" da relação terapêutica.

Para Hycner (1995, p. 114), "é estar o mais completamente disponível para a outra pessoa num dado momento — sem interferência de considerações ou reservas. É a consciência que se dirige completamente ao 'processo de existir' da outra pessoa".

A atitude de presença implica estar totalmente centrado no aqui e agora, acompanhando o fluxo de acontecimentos da sessão, com abertura amorosa, sem concepções prévias ou julgamentos. Atitude generosa, pois pressupõe um distanciamento de si mesmo em direção ao outro de forma interessada e autêntica.

> A principal característica do terapeuta para executar bem esse trabalho é a *qualidade de sua presença*: uma atitude descontraída e atenta, inteira, disponível, energizada. *Ficando com o fenômeno tal qual ele se apresenta, tal qual ele é, mais do que com aquilo que foi, poderia ou deveria ser.*
> Poder permitir-se oscilar num contínuo ir e vir entre percepção da pessoa que lá está e, ao mesmo tempo, perceber em si mesmo como essa pessoa o mobiliza e impacta. Em outras palavras, estar em contato com o outro mas, ainda assim, centrado no seu próprio eixo. (Juliano, 1999, p. 26, grifos da autora)

Essa posição do terapeuta, que exige um esvaziamento de si, permite um lugar emocional em que o outro será recebido e acolhido em sua singularidade. É recepcionar, hospedar, dar morada ao que se apresenta, ou seja, acolher o sofrimento inerente àquela perda na forma que se desvela. Ser presença é ser "um lugar onde o outro-cliente possa encontrar repouso para ser e estar da forma possível" (Bianchi, 2020/2021, p. 63).

Para ilustrar esse tema, recordo uma cliente que chegou após a perda do pai de forma inesperada e trágica. Ele havia falecido em um acidente automobilístico. A cliente relatou que tinha como foco de trabalho a vivência do luto e o sentimento de confusão que se desenvolveu pela perda. Em razão desse primeiro contato, como terapeuta, sinto a necessidade de me preparar para acolher o estado emocional que se apresentar. Sei que a forma da morte pode afetar profundamente o enlutado. E de fato é isto que se revela: a cliente chega com um discurso confuso, com a narrativa cortada pelos sentimentos que a visitam. Ela se sente inconformada, perdida e desorientada. Sente que não é mais a mesma e não sabe como ou quando conseguirá retomar o viver.

Nesse momento, sou escuta e acolhimento. Faço-me presença através da abertura emocional para amparar e dar contorno ao que está sendo vivido. Vou transitando junto com ela pela narrativa desordenada. Com muita delicadeza, junto alguns pedaços, oferto cuidado e dou contorno a suas falas. Ofereço algumas explicações sobre o processo de luto, o que a faz repousar, ainda que momentaneamente, em seu sofrimento. Ela entende que se trata de um processo e que está vivendo o momento mais difícil. A cliente consegue vislumbrar um lampejo de esperança. Sei que a jornada é longa, mas a travessia do sofrimento é possível. Estamos juntas.

Cardella (2017) usa uma expressão interessante como metáfora do profissional como suporte: o terapeuta como o outro-raiz. Ser outro-raiz implica que o terapeuta se torne anfitrião do que é, do que já foi e do que será assentado em uma posição ética que vai além da técnica. Isso significa dizer que se revelará como pessoa, como comunidade de destino: ambos humanos, peregrinos do viver, cientes da precariedade e da transitoriedade do existir, em posse da terra, convidados neste lugar mestiço que é errante, travessia, passagem.

Em sua atitude de presença, o terapeuta possibilita ao cliente o afrouxamento das defesas, no sentido de abrir-se para a "vereda estreita" (Hycner, 1997) da terapia, sustentando-se perante o difícil e doloroso. Além disso, pode auxiliar a pessoa a caminhar em direção ao processo de integração e transformação de si e do seu viver.

## ESCUTA DA NARRATIVA

> O amor autêntico é experienciado como êxtase no ser do outro, como regozijo por sua existência. É não manipulador, não pegajoso, não exigente. Deixamos que o outro seja.
>
> (ZINKER, 2007, p. 18)

Em tempos de modernidade líquida (Bauman, 2001), em que todas as relações tendem à liquidez, à impermanência adoecida, e cujos vínculos são rompidos antes mesmo de ser estabelecidos, o poder da escuta atenta e verdadeira e do interesse genuíno é matéria-prima para a cura das dores humanas, ou, ao menos, para o arrefecimento do sofrimento relacional que se faz presente na solidão.

Juliano (1999, p. 27) aponta que "a escuta interessada do terapeuta é curativa por si só, uma vez que consegue, por espelhamento, fazer emergir o interesse da pessoa por si mesma, abrindo espaço para que surjam características que estavam escondidas ou negadas".

Escutar é um ato devocional. É sair do seu próprio mundo de pressupostos e certezas e entrar na experiência do outro. Cria a possibilidade de o ouvinte ver novas formas de viver e pensar, ao mesmo tempo que permite ao interlocutor a experiência de se revelar, mostrar-se em sua luz e sombra. Para o terapeuta, particularmente, escutar é tornar-se testemunha de uma história, reverenciar uma vida, compartilhar uma dor, presenciar uma jornada.

Em Perls, Hefferline e Goodman (1997), a fala é valorizada de forma saudável através da abertura criativa, fugindo ao mero hábito de linguagem, evasões e formas defensivas de se expressar. O terapeuta-ouvinte atento tem a possibilidade de tomar consciência desse conteúdo e de espelhar a fala dita e a não dita, que pode ser desvelada por gestos, corporeidade, sons, lamentos e toda sorte de formas de comunicação. É importante destacar o que os autores apontam: "O objetivo da psicoterapia não é de o terapeuta ter consciência de algo a respeito do paciente, mas de o paciente ter consciência de si próprio" (p. 135).

Desse modo, o terapeuta deve estar atento ao conteúdo, mas sobretudo à forma como o cliente o expressa. Essa forma de escuta é inerente ao fazer terapêutico. O "estar a serviço" do outro e para o outro exigirá uma "escuta obediente": isso implica que o terapeuta assuma a responsabilidade pelo início de uma relação dialógica genuína (Hycner, 1997).

Lembro-me de um cliente que havia perdido a mãe após alguns meses doente. O dia da morte tinha sido, para o filho, um momento de beleza e dor. Ele queria contar essa experiência a alguém, mas sentia que as pessoas não tinham paciência nem disponibilidade para ouvir e entender o que ele havia vivido. Elegeu a terapia como lugar e me escolheu como pessoa para testemunhar sua vivência.

Descreveu esse momento como sagrado: havia silêncio e uma delicadeza luminosa no quarto na hora do falecimento. Ele estava ao lado da mãe, que respirava com dificuldade. Sentia que a morte se aproximava e que ela estava prestes a partir. Segurou sua mão e mentalmente se despediu dela. Percebeu a última expiração. Naquele momento sentiu, ao mesmo tempo, dor e serenidade. Sua mãe pôde partir em paz. O coração dele havia se apaziguado.

Durante sua narrativa, como testemunha do fato, sinto essa paz e essa sacralidade. Faço-me testemunha de seu momento, e a beleza se revela na relação. Não só acolho como compartilho o sentimento de serenidade que ele descreve. Reverencio essa narrativa, agradeço a partilha. Momentos que transcendem o viver horizontal. Somos verticalidade.

O ser humano busca, na escuta amorosa do seu terapeuta, ser descoberto, destacando seu brilho, sua força, sua dor, seus vazios, suas incongruências, mas também, e não menos importante, o sagrado que habita a penumbra humana. Não deseja apenas ser ouvido, mas anseia ser visto naquilo que não está dizendo, para além do literal, resvalando na integralidade do ser.

O narrar mostra a necessidade e o desejo de partilhar uma experiência e, nesse sentido, busca um outro-humano que seja anfitrião dessa história, que compartilhe esse viver, que seja tocado pela vida e pela singularidade do narrador. Narrar é presentificar no mundo o próprio viver. Safra (2006, p. 29) sustenta essa mesma ideia:

> O narrar, do ponto de vista estético, presentifica, na clínica, uma organização plástica com o modo de ser humano. A narrativa contempla as facetas do existir humano: a origem, o caminho e o fim. O narrar presentifica o nascer, o acontecer e o morrer. Quando alguém começa a relatar uma história, nós já pressentimos o seu fim. É tão importante começar a história, para que se compartilhe um saber, quanto é importante saber que o seu fim chegará. Desse modo, a narrativa guarda íntima relação com o ciclo de vida humano e, de certa forma, presentifica a experiência que acontece na corporeidade: processualidade.

Assim, a escuta da fala pelo terapeuta dá ao cliente a encarnação de sua palavra — que, se antes verborrágica, confusa, indiscriminada, pode alcançar o status de fala-revelação, organizando os conteúdos emocionais, ordenando as experiências e, acima de tudo, construindo significados para o que está sendo vivido. Cabe ao terapeuta ajudar a agasalhar as palavras, dar contorno ao dito, facilitando a construção de sentido.

Desse modo, cliente e terapeuta tecem uma nova história a partir daquilo que foi trazido por um e outro ao longo dos encontros humanos necessários. Essa tessitura começa a ganhar novas formas e cores: do antes confuso, desalinhado e solto fio, agora entrelaçado, organizado, harmonioso todo que se formou. Todos podem ser fala, todos podem ser escuta. O vir a ser está restaurado.

## INCLUSÃO

> A tarefa do terapeuta é acolher o cliente, com tudo que este traz de tenebroso ou sublime, deixando-o depositar no chão sua bagagem, que se tornou pesada de tanto ser carregada nas costas.
>
> JULIANO (1999, p. 21)

Inclusão é um termo trazido por Buber (citado por Hycner, 1995, p. 58) que assinala "um impulso audacioso — que exige uma mobilização muito intensa do próprio ser — para dentro da vida do outro". É um movimento de ir e vir: o terapeuta deve estar centrado em si mesmo e, ao mesmo tempo, ser capaz de experienciar o lado do cliente.

Obviamente, não é uma experiência fácil para o terapeuta, até porque se trata de uma vivência momentânea, mas crucial de se pôr "como o outro está sentindo". Para tanto, é

inevitável o conhecimento de si mesmo: saber o que é meu e o que é do outro e quando esses mundos se encontram, se separam e se diferenciam em formas singulares.
Hycner (1997, p. 43) explica esse fenômeno:

> Não é por acaso que os seres humanos raramente costumam experienciar o outro lado. É necessário que a pessoa tenha um forte sentido de seu centro e, ao mesmo tempo, flexibilidade existencial psicológica para experienciar o outro lado; além disso, deve ser capaz de entrar no movimento de ir e vir entre os dois lados e mantê-lo.

Dentro dessa experiência está o acolhimento do outro em sua singularidade inequívoca. O primeiro passo no processo de construção de uma relação terapêutica é conhecer a pessoa que está se apresentando, receber sua forma de ser e viver sem críticas nem julgamentos iniciais. Acolher o que é torna-se fundamental em uma construção dialógica.

O terapeuta se coloca em ressonância com o campo vivencial do cliente, buscando compreender e sentir aquelas experiências em sua própria corporeidade. Essa visitação ao mundo do outro cria uma aproximação humana, facilitadora das trocas, da compreensão, da construção de um sentido em comum.

No caso do processo de luto, a inclusão cria a possibilidade de se sentir acompanhado em sua travessia difícil. O enlutado foi retirado da sua harmonia cotidiana e colocado em um mundo de sentimentos novos, muitas vezes não se reconhecendo em razão das inúmeras alterações físicas, emocionais e cognitivas a que está sujeito.

## CONSIDERAÇÕES FINAIS

> Amor e intimidade implicam encontrar novo no mesmo, desaprender, abrir-se para o mistério, encontrar no cotidiano ordinário e humano, as coisas prateadas divinas.
>
> CARDELLA (2017, p. 168)

A clínica de enlutados é uma clínica de profunda delicadeza. Um tocar suave com sensibilidade afetiva. Exige do terapeuta encontrar seu território de paciência e amorosidade para prestar esse serviço ao outro.

O sofrimento pela perda quebra muitos paradigmas que precisam ser reconstruídos com a ajuda do ambiente que se presta a ser heterossuporte necessário. O enlutado convalesce pela dor ontológica: a morte é experiência fundamental e irrecusável na vida humana. Como diz Parkes (2009), é o preço que pagamos pelo amor. Quanto mais se ama, mais sofrimento se experimenta pela perda de uma pessoa.

Nessa clínica, cabe ao terapeuta ajudar seu cliente a restaurar a serenidade no viver. Cardella (2017, p. 209) aponta que "serenidade não é posição passiva e resignada diante da vida, mas acolhimento do destino humano, abertura fundamental, posição criativa". Esse fazer criativo fica desorientado durante a travessia do luto; muita ajuda é pedida apenas para se reorientar perante os dias. Não há pressa que caiba, não há como escapar das tarefas do luto. Todos os convites emocionais que surgem fazem parte de uma psique que tenta se organizar diante dessa nova informação.

Há um grande valor em cada desejo de prosseguir, há uma coragem que se faz presente quando, a despeito da dor angustiante, a pessoa enlutada consegue cumprir suas tarefas diárias.

Nesse percurso, a presença do terapeuta que mantém uma escuta atenta e interessada perante a narrativa do seu cliente, buscando a inclusão do seu mundo e de suas experiências tal qual se apresentam, mostra-se essencial para o resgate do viver em constante ajustamento criativo a novas formas.

E, a partir dessas atitudes, inúmeras intervenções terapêuticas são apresentadas, desde o acolhimento, passando pela confirmação, pelo heterossuporte e, se necessário, pela psicoeducação a respeito do processo de luto. Mas a base para que esses manejos sejam aceitos e assimilados vem da atitude terapêutica, focada nessa abertura e amorosidade diante do sofrimento do outro-cliente.

## REFERÊNCIAS

BAUMAN, Z. *Modernidade líquida*. Rio de Janeiro: Zahar, 2001.

BIANCHI, D. P. B. "Terapia de casal e família em Gestalt-terapia — Ampliação de olhar". *Revista Sampa GT*, n. 11, 2020/2021, p. 59-65. Disponível em: https://gestaltsp.com.br/wp-content/uploads/2022/02/Sampa-GT-20-digital-03-02-22.pdf. Acesso em: 7 mar. 2023.

BUBER, M. *Eu e tu*. São Paulo: Centauro, 1974.

CAMPS, P. B.; HWANG, E. "O processo de luto e a experiência (a)temporal". *Revista Sampa GT*, n. 11, 2020/2021, p. 74-81. Disponível em: https://gestaltsp.com.br/wp-content/uploads/2022/02/Sampa-GT-20-digital-03-02-22.pdf. Acesso em: 7 mar. 2023.

CARDELLA, B. P. *De volta para casa — Ética e poética na clínica gestáltica contemporânea*. Amparo: Foca, 2017.

CASELLATO, G. "Luto e identidade". In: CASELLATO, G. (org.). *Luto por perdas não legitimadas na atualidade*. São Paulo: Summus, 2020.

HYCNER, R. *De pessoa a pessoa — Psicoterapia dialógica*. São Paulo: Summus, 1995.

_____. "A base dialógica". In HYCNER, R.; JACOBS, L. *Relação e cura em Gestalt-terapia*. São Paulo: Summus, 1997.

JULIANO, J. C. *A arte de restaurar histórias — O diálogo criativo no caminho pessoal*. São Paulo: Summus, 1999.
PARKES, C. M. *Amor e perda — As raízes do luto e suas complicações*. São Paulo: Summus, 2009.
PERLS, F.; HEFFERLINE, R.; GOODMAN, P. *Gestalt-terapia*. São Paulo: Summus, 1997.
SAFRA, G. *Desvelando a memória do humano — O brincar, o narrar, o corpo, o sagrado, o silêncio*. São Paulo: Sobornost, 2006.
YALOM, I. D. *De frente para o sol — Como superar o terror da morte*. Rio de Janeiro: Agir, 2008.
ZINKER, J. *Processo criativo em Gestalt-terapia*. São Paulo: Summus, 2007.

# QUANDO UM ENTE QUERIDO ESTÁ MORRENDO — REFLEXÕES SOBRE CUIDADOS PALIATIVOS, LUTO E ESPIRITUALIDADE[1]

IZABELA A. DE A. GUEDES

MARIA HELENA PEREIRA FRANCO

## CONSIDERAÇÕES INICIAIS

> Não sou religioso [...] mas tenho assistido a muita mágica, sou supersticioso e acredito em milagres, a vida é feita de acontecimentos comuns e de milagres.
>
> AMADO (citado por LISPECTOR, 2007, p. 15)

O diagnóstico de uma doença grave significa a instalação de uma crise na família, com perdas que envolvem a todos. Há muitos lutos que vão sendo vividos no decorrer desse processo, que certamente não é simples e nem sempre tem um desfecho bonito. O Brasil é o terceiro pior país do mundo para se morrer (Sepulveda et al., 2022), seja na saúde pública que, por suas condições precárias, pouco consegue fazer pelo controle da dor física e emocional devido à falta de medicamentos e ao número reduzido de profissionais, seja na saúde privada, em que a manutenção da vida a todo custo muitas vezes representa prejuízos à qualidade de vida do

---

1. Este capítulo faz parte da dissertação de mestrado da primeira autora, com orientação da segunda autora, intitulada *A espiritualidade frente ao processo de final de vida de um ente querido — Reflexões sobre os significados atribuídos pelo familiar*, defendida em 2018.

paciente, trazendo intenso sofrimento também para os familiares. Pacientes que vivem a iminência da morte diante de uma doença progressiva e potencialmente fatal e deixam de responder ao tratamento medicamentoso durante seu curso necessitam de cuidados que tragam alívio para os sofrimentos físicos, psicológicos, sociais e espirituais, assim como seus familiares devem receber apoio para a vivência do luto antecipatório e do luto pós-morte.

Se muito foi desenvolvido e aperfeiçoado em relação aos cuidados com o corpo e com a mente, em relação às necessidades do espírito o campo da saúde se aproxima de forma tímida. Uma reflexão que os psicólogos clínicos podem fazer, por exemplo, diz respeito à realização de uma anamnese da espiritualidade/religiosidade do cliente, sobretudo quando fazem acompanhamento de enlutados. O que a prática tem demonstrado é que esse tema precisa ser mais bem integrado à avaliação e intervenção clínicas, visto que a espiritualidade é parte intrínseca de experiências que dizem respeito à finitude da vida.

Prestar assistência, da melhor qualidade, a familiares que estejam sob o impacto da morte consumada ou iminente de um ente querido deve mobilizar a energia daquele que cuida a fim de acolher essa demanda. Nesse campo de trabalho, conhecer as próprias crenças sobre a morte e o morrer representa um aspecto relevante na formação pessoal do psicólogo clínico, para além da necessária capacitação profissional, possibilitando uma ampliação do olhar que faz toda diferença no desenvolvimento do trabalho com enlutados. A atuação no campo da psicologia clínica significa escutar experiências profundas da existência humana, que apresentam questões que inquietam e suscitam perguntas complexas. Cuidar daquele que atravessa um sofrimento não é mero trabalho; não se trata de executar uma tarefa simplista, que exige tão somente embasamento teórico consistente. O lapidar emocional é condição *sine qua non* na jornada que todo terapeuta vive com cada cliente, que no atendimento a enlutados requer também a inclusão da dimensão espiritual como parte da formação desse profissional. Kovács (citado por Guedes, 2018, p. 53), afirma que, "mesmo entre aqueles que estão na posição de oferecer o cuidado, não é simples lidar com o tema da morte, precisando que sejam desenvolvidos não só recursos emocionais, como também espirituais, na providência do autocuidado para as equipes de saúde".

O presente capítulo tem como proposta tecer articulações entre três grandes áreas do conhecimento que se tangenciam — cuidados paliativos, luto e espiritualidade — com base nas reflexões dos significados atribuídos pelos familiares à espiritualidade diante da iminência da morte de um ente querido em processo final de doença potencialmente fatal.

## SOBRE O MÉTODO

Foi realizada uma pesquisa do tipo qualitativa, levando em conta um fazer científico caracterizado pela articulação entre teoria, método e técnica, além de considerar igualmente importante a qualidade do pesquisador, da coleta à análise dos dados (Minayo, 2004). Procurou-se incluir um olhar sensível na leitura do fenômeno estudado para melhor descrevê-lo, contando com a experiência de vida das autoras no aprofundamento das questões complexas que envolvem o tema investigado. O método utilizado foi o de estudo de caso instrumental, pelo interesse de se conhecer essa determinada realidade em suas particularidades, buscando ampliá-la (Stake, 1994).

A escolha do local da pesquisa fez toda diferença, tendo sido registradas, em diário de campo, as observações/impressões sobre a unidade de saúde de cuidados paliativos onde os pacientes — 80% diagnosticados com algum tipo de câncer —, na companhia de seus familiares, passavam os últimos momentos de vida juntos.

> Observo que algumas paredes têm marcas do tempo na pintura. Penso quantas marcas esse lugar também deixa impresso nas pessoas; não creio ser possível passar isento e ileso por experiências que tenham relação com a proximidade da morte. Não vejo nenhum relógio nas paredes, apenas alguns quadros. Aqui, o tempo parece mesmo correr diferente. Dá para ouvir um rádio ligado baixinho ao fundo, vindo de algum outro cômodo, e escutar o canto dos pássaros, que se movimentam sem parar pelo jardim. Uma parte do chão é toda de madeira, composta por pequenas partes que se encaixam e formam um hexágono. Um piso muito brilhoso, mostrando que cada detalhe parece ser bem cuidado por aqui. (Guedes, 2018, p. 82)

A realização de entrevista semiestruturada com cada participante, individualmente, foi adequada para o desenvolvimento das reflexões apresentadas, tendo sido entrevistados seis familiares, identificados como os cuidadores principais do ente querido em processo de final de vida. Foram atribuídos nomes fictícios, fazendo referência a artistas da música popular brasileira e adotados a partir de canções que retrataram como a pesquisadora se sentiu no contato com cada participante: 1) Luiza (cantor: Lulu Santos/canção: "Como uma onda"); 2) Francisca (cantor: Chico Buarque/canção: "Todo o sentimento"); 3) Renata (cantor: Renato Russo/canção: "Por enquanto"); 4) Milton (cantor: Milton Nascimento/canção: "Encontros e despedidas"); 5) Dolores (cantora:

Dolores Duran/canção: "A noite do meu bem"); e 6) Caetana (cantor: Caetano Veloso/canção: "Oração do tempo").

A análise dos dados foi realizada após a coleta e a transcrição integral das entrevistas, de acordo com os procedimentos desenvolvidos por Bardin (2011) para a análise de conteúdo.

## CUIDADOS PALIATIVOS — "UM LUGAR EM QUE AS PESSOAS TÊM RESPEITO PELO SER HUMANO"

Lançando mão de todo o aparato tecnológico e científico em prol da manutenção da vida a qualquer custo, o que faz parecer que a pessoa doente ficou em segundo plano em detrimento da obstinação terapêutica de curar a doença, a proposta desse novo paradigma na área da saúde tem como princípio a oferta de alívio para as dores física, social e espiritual, visando promover o conforto e a qualidade de vida daqueles que sofrem de uma doença potencialmente fatal (Matsumoto, 2012). Autoras experientes no assunto, Franco (2008) e Matsumoto (2012) chamam a atenção para a delicadeza de um processo cujo adoecimento é irreversível e se encaminha para a morte, ressaltando que as ações terapêuticas devem ter como pressuposto básico a manutenção da dignidade do paciente durante todo o desenvolvimento da doença, do diagnóstico ao falecimento.

Isso posto, este trabalho adota um posicionamento crítico em relação ao modelo biomédico de saúde fundamentado no paradigma curativo, hegemônico no século 20, ratificando a necessidade de que se estabeleça uma nova visão de cuidado diante dos desafios apresentados pelo mundo do século 21, cujas práticas de saúde necessitam ser transformadas e reorganizadas. Novais e Fernandes (2015), apoiando-se na teologia da espiritualidade proposta por Boff (2001, 2003), afirmam que ações conscientes, alicerçadas na compaixão e no compromisso, são ferramentas essenciais na construção de um novo paradigma para o cuidado; a falta deste é o comportamento imperativo da vida pós-moderna e o grande desafio a ser transposto, sob pena, inclusive, de colocar em risco a continuidade da vida no planeta.

O verbo "cuidar" conjuga-se para além de uma única ação. A existência do cuidado depende de sucessivos atos que os transformem em atitude, devendo ser uma prática realizada com desvelo, responsabilidade, compromisso e envolvimento afetivo para com o outro (Boff, 1999). Como ação contínua, realiza-se, portanto, no gerúndio: cuidando.

A escolha do campo dos cuidados paliativos para a investigação se deu pelo compromisso dessa abordagem em cuidar de pessoas acometidas por doenças graves que ameaçam a continuidade da vida, assim como de seus familiares. Além de se ocupar em proporcionar dignidade ao paciente em processo de adoecimento que, muitas vezes, acontece de forma severa, essa prática também objetiva confortar os familiares que enfrentam a ameaça da vida de seu ente querido, buscando oferecer-lhes apoio na vivência do luto antecipatório — processo que se desenvolve desde o anúncio do diagnóstico até a ocorrência da morte —, bem como dar-lhes suporte no luto que segue seu curso após a morte ter acontecido.

O termo "paliar" tem origem no latim, cuja palavra *pallium* refere-se ao manto que abrigava e aquecia do frio os cavaleiros que lutavam nas expedições das Cruzadas. Transpondo-o para o contexto da saúde, significa dizer que as ações implementadas pelos cuidados paliativos devem estar implicadas em amenizar a dor e o sofrimento daqueles que não mais podem se beneficiar dos lenitivos oferecidos pela medicina curativa (Fonseca e Geovanini, 2013; Siqueira e Pessini,

2012). Em outras palavras, quer dizer que não há mais o que possa ser feito pela doença, mas há muito que se deve fazer pelo doente; essa ressignificação é fundamental para quebrar preconceitos que existem e persistem em torno do assunto.

Para o desenvolvimento da prática dos cuidados paliativos, é indispensável que as diretrizes se orientem pela definição proposta pela Organização Mundial da Saúde (OMS), atualizada em 2002, tendo tido sua primeira versão publicada em 1990:

> Cuidado paliativo é uma abordagem que melhora a qualidade de vida dos pacientes e de seus familiares diante de problemas associados com doenças que ameaçam a continuidade da vida, por meio da prevenção e do alívio do sofrimento. Isso significa identificação precoce, avaliação impecável e tratamento da dor e de outros problemas de natureza física, social e espiritual. (OMS, 2014, p. 5)

A definição visou ampliar a humanização na assistência da saúde e suavizar os impactos que um adoecimento grave impõe, colocando em perspectiva uma abordagem para o luto. A inclusão da unidade de cuidado — ou seja, dos familiares — no recebimento da atenção paliativa vai ao encontro de estudos com pacientes oncológicos (Ferreira, 2004; Franco, 2008; Liberato e Macieira, 2008; Breitbart, 2011; Park, 2014) que preconizam que o luto é uma vivência presente ao longo do processo de adoecimento, necessitando, portanto, de acolhimento e apoio. Em caso de perdas por doenças progressivas e fatais, o luto antecipatório influenciará a maneira como o luto pós-morte será vivido, podendo se apresentar como um fator de risco ou de proteção, a depender das circunstâncias.

O familiar se sente grato por poder oferecer um atendimento de saúde qualificado ao seu ente querido, por ter encontrado um lugar e pessoas que se preocupam tanto em amenizar as dores físicas, emocionais e espirituais do paciente, quanto em cuidar do luto da família. Renata e Francisca se sentiram privilegiadas, num lugar que perceberam como acessado por poucas pessoas. Sentir-se importante para alguém e ver interesse genuíno na postura dos profissionais de saúde trazem algum conforto e até certa beleza para o processo. A solidariedade é o lado que conecta à esperança; segundo Francisca, o fato de saber que ainda existe quem se preocupe com outro ser humano renovou sua fé e sua esperança. Não apenas sentir-se recebendo, mas perceber-se capaz de oferecer um cuidado de qualidade no final da vida do ente querido é um importante fator de proteção para o luto pós-morte.

A partir de uma percepção positiva em relação aos cuidados paliativos, identificamos que eles têm um papel protetivo importante, por exemplo, em relação à psicoeducação, como receber informações transparentes sobre a doença e sobre cada passo do tratamento. A educação sobre a morte — ou para a morte — é descrita pela literatura como um fator protetivo para a vivência do luto, podendo ajudar a evitar possíveis complicações (Kovács, 2005; Wiegand, 2010; Silva, 2016). Os participantes consideraram um diferencial do cuidado o fato de poderem ter diálogo com a equipe de saúde e receberem informações sobre o passo a passo do tratamento. A informação adequada e a boa comunicação ajudam a baixar a ansiedade e a criar um vínculo de confiança entre paciente-familiar-equipe de saúde.

A escuta sem pressa, a paciência para explicar sobre a doença e sobre o tratamento com detalhes e com clareza e o respeito à fragilidade de uma pessoa que está recebendo notícias muito difíceis são atitudes que dão ao familiar a sensação de que seu ente querido está recebendo a melhor assistência possível, um tratamento visto por eles como "humano". Quanto ao ambiente, silencioso e calmo, e a como se sentiram tratados, a percepção do acolhimento, do interesse do profissional pelo bem-estar do paciente e do familiar e a escuta empática foram surpresas positivas ao saberem da existência de uma prática de saúde alicerçada no respeito e na dignidade da pessoa.

O campo dos cuidados paliativos merece atenção especializada, a ser construída por muitas mãos, fundamentalmente com diversidade de saberes, de médicos, enfermeiros, assistentes sociais, fisioterapeutas, nutrólogos, terapeutas ocupacionais e psicólogos a religiosos que possam oferecer conforto espiritual laico, que atenda a todo e a qualquer sistema de crença. Franco (2010, 2016) enfatiza a necessidade de se oferecer uma prática que se proponha verdadeiramente transdisciplinar, na qual o tratamento atenda às necessidades singulares de cada paciente e de cada familiar, a partir das especificidades de cada processo de adoecimento. "É preciso que o verdadeiro espírito de cuidado esteja presente em cada ação em busca de atenuar as dores físicas, acalmar os medos e promover o encontro com a paz interior no momento de proximidade da morte" (Guedes, 2018, p. 41).

A sociedade pós-moderna, individualista e indiferente, faz o homem padecer de crise de sentido ao ver, muitas vezes, a vida transformada em mercadoria. A dimensão do sagrado ficou banalizada, desprezando-se o que não deve ser desprezado; os valores invertidos deram lugar a uma tentativa de precificar a vida. Mais do que tornar a saúde humanizada, nós precisamos resgatá-la em sua condição de humanitária. Aquele que sofre precisa de alguém que tenha tempo para escutar seu sofrimento, precisa receber atendimento de profissionais de saúde que não tenham pressa. Os cuidados paliativos não são uma panaceia e, sozinhos, não podem sanar as precariedades presentes no sistema de saúde brasileiro. Estamos falando de um serviço a que poucas pessoas têm acesso, mas que deve ser sublinhado como uma prática de promoção de saúde e como um fator protetivo para o luto de familiares que acompanharam o adoecimento de um ente querido, do diagnóstico até a morte. Num país em que falar de qualidade de vida é um assunto para quem goza de privilégios, falar de qualidade de morte é algo mais distante ainda. Isso endossa a necessidade de que essa prática seja cada vez mais desenvolvida e difundida, para que gradativamente possa ir assumindo o lugar das práticas iatrogênicas forjadas pelo e no paradigma biomédico.

## LUTO ANTECIPATÓRIO — "A CONVIVÊNCIA SEM ELE, COMO É QUE VAI SER?"

O luto é um fenômeno multidimensional, que diz respeito à cultura na qual a experiência da morte está inserida e a fatores particulares que compõem o cenário de cada pessoa ante a experiência da perda. A conceituação que o presente trabalho toma é a de luto como um processo adaptativo em decorrência do rompimento de um vínculo significativo, uma sucessão de respostas físicas, emocionais e comportamentais dadas pelo organismo quando um laço afetivo relevante é rompido (Franco, 2021). Tais reações, por mais que sejam esperadas, se manifestam de maneira única e exclusiva; o luto é um processo artesanal e, dentro de normas socialmente estabelecidas, cada enlutado precisa encontrar a forma própria de viver as experiências de perda.

Partimos desse conceito geral para nos direcionar para as especificidades da experiência de enlutar-se perante o adoecimento grave de um ente querido, que se encontra em fase avançada e se encaminha para o desfecho vital. Levando-se em conta uma doença que se agrava progressivamente e para a qual a ciência médica não tem a cura, abordaremos as especificidades do processo de luto do familiar cuidador mediante essa condição, chamado de luto antecipatório. Esse conceito foi desenvolvido a partir dos estudos de Lindemann (1944), que observou as reações das esposas de soldados convocados para a Segunda Guerra Mundial, encontrando semelhanças com o luto vivido em decorrência da morte. Rando (2000) chamou a atenção para a necessidade de se considerar as singularidades desse processo multifacetado que, apontou Moon (2015), é uma dinâmica ativa no cenário dos cuidados paliativos, fazendo-se presente desde a comunicação do diagnóstico até o momento da morte (Franco, 2008, Rodriguez, 2014; Monteiro, 2017).

O luto antecipatório é um processo adaptativo perante um adoecimento grave (Coelho e Barbosa, 2017) que representa perdas simbólicas e concretas, demandando do familiar envolvido uma construção de significados para essa experiência. Essa dinâmica dar-se-á ao longo do período de adoecimento — porém não de maneira uniforme —, no qual uma diversidade de sentimentos vai se alternando e diferentes significados vão sendo atribuídos. Sob o impacto inicial do recebimento do diagnóstico, ocorre uma desorganização emocional do familiar, ao mesmo tempo que uma percepção racional do desafio a ser enfrentado. O terreno incerto a ser trilhado mostra-se potencialmente fértil para a angústia.

O recebimento do diagnóstico é entendido como um ponto de virada, a partir do qual nada mais fica igual ao que era antes. Da sensação inicial de choque, de não saber o que pensar nem o que fazer, às muitas decisões que precisam ser tomadas ao longo do processo — decisões de vida e em relação à morte, para as quais se desejaria ter mais tempo, que comumente é sentido como escorrendo pelas mãos daqueles que vivem uma doença que avança impiedosamente.

Coelho e Barbosa (2017) estudaram o luto antecipatório vivido pelo familiar e encontraram dez respostas emocionais esperadas quando a vida de um ente querido está ameaçada: ambivalência; antecipação da morte; distresse emocional; proteção intrapsíquica e interpessoal; esperança; foco exclusivo no cuidado com o paciente; perdas pessoais; perdas relacionais; tarefas relacionais do fim da vida; e transição. Confirmando os estudos de Rolland (1995), eles entenderam que se forma um caleidoscópio de sentimentos e um repertório amplo de reações emocionais, de ansiedade de separação, tristeza, desapontamento e raiva a ressentimento, culpa e desespero. Conforme a saúde do ente querido vai ficando mais debilitada e se percebe que o momento da morte se aproxima, o familiar cuidador fica com a ansiedade mais mobilizada, o que muitas vezes faz que ele intensifique os cuidados — não querer sair de perto do paciente e não querer dormir para o caso de ele precisar de algo durante a noite, por exemplo, são alguns comportamentos encontrados.

Em geral, observam-se reações emocionais mais intensas, os pensamentos ruminativos tornam-se mais frequentes e, no caso de um processo de luto, podem significar uma função adaptativa (Eisma et al., 2014). A incerteza do momento da morte, o não saber em que circunstâncias ela ocorrerá, a impotência diante de perguntas que não têm resposta — até quando? como será? — alimentam esses pensamentos circulares, insistentes e intrusivos. Ao mesmo tempo que são angustiantes, trazem reflexões e possibilitam ao enlutado movimentar-se na direção de uma elaboração.

Nesse aspecto, por vezes a ruminação e a ambivalência estão relacionadas, e podemos nos apoiar no modelo do processo dual do luto para melhor compreender essas expressões, entendendo-as "como uma dinâmica oscilatória que reverbera o legítimo mar de incertezas que o familiar está vivendo. Pode ser um importante ajustamento que, ao invés de enrijecer, auxilia na flexibilidade frente à instabilidade" (Guedes, 2018, p. 107). Segundo Stroebe e Schut (1999), esse modelo descreve como o enlutado se desloca dentro do processo, indo de uma polaridade a outra, movimentando-se entre as dinâmicas voltadas para a perda e para a restauração. O caráter fluido vai possibilitando o processamento da experiência como um todo. Para Mazorra (2009), trata-se de um modelo integrativo das dinâmicas presentes após a morte de um ente querido.

Tendo sido um modelo pensado para auxiliar na compreensão dos processos de luto pós-morte, é possível considerá-lo também uma ajuda preciosa para o luto antecipatório, cujas vivências se articulam no tempo, ora avançando, ora retrocedendo, em um movimento pendular, espiral e não linear no qual o familiar ora está inconformado com o adoecimento, ora se vê imaginando como será a vida quando o ente querido tiver morrido.

> *A morte... ela é assim... [...] dolorosa, né? Dói mesmo na gente, lá no fundo, porque ela deixa a gente com muita saudade do ente querido. Eu falei isso tudo aqui, mas talvez pensando melhor, aqui, agora, eu esteja com toda essa preparação para falar sobre isso, mas daqui... depois que acontecer... eu não sei se eu vou ter esse mesmo pensamento, se vou ter essa mesma reação, entende? Porque aí vem a dor de que ele não vai mais estar aqui, por enquanto ele está, eu sei que é diferente. O dia a dia, a convivência sem ele, como é que vai ser? Aí eu não sei dizer, porque só depois eu vou passar por isso... No momento, eu me sinto preparada para aceitar os desígnios de Deus, mas [...] depois que ela acontecer [...] aí eu já não sei.*
> (Fala da participante Francisca)

Outro fator que apareceu como sagrado para aquele que está morrendo e para seus familiares foi o tempo. Conforme a doença vai se agravando, a passagem do tempo ganha diferentes percepções e significados. Segundo Tiscareño (2009), a dimensão Chronos faz referência ao tempo linear, compartilhável, passível de medição, o que marca o início e o fim de cada intervalo, como o tempo entre o nascimento e a morte. Em outra direção está Kairós, temporalidade que faz referência à experiência vivida; é subjetiva e individual, portanto, passa pela percepção de quem o sente e pelo significado que lhe é atribuído. Um dia nunca é igual ao outro; um dia a mais de vida é celebrado como uma vitória, um dia a menos de sofrimento é entendido como conforto. Muitas vezes o enlutado sente como se a vida estivesse continuando "lá fora" e tivesse parado "aqui dentro". A fé na crença de que o tempo de Deus é diferente do tempo dos homens oferece uma explicação consoladora de por que as pessoas amadas morrem... de por que as pessoas boas morrem... de por que as pessoas jovens morrem...

A proximidade da morte mostrou-se como o fator com maior potencial de conectar o familiar à dimensão espiritual, o que muitas vezes acontece por meio da busca de sentido para o vivido. Oferecer acolhimento genuíno para o sofrimento de quem vive um período, muitas vezes longo, de perdas, sabendo ouvir e acompanhando essa travessia que é envolta por inúmeros sentimentos, possibilita que conversas sobre a morte sejam desenvolvidas num contexto de respeito e de proteção. "Aquele que vive a proximidade da morte precisa, especialmente, contar com profissionais mais sensíveis" (Guedes, 2018, p. 72). Acolhimento espiritual também é papel do psicólogo quando ele, por exemplo, demonstra interesse pelas crenças pós--morte do enlutado. Sublinhamos a importância de os profissionais de saúde envolverem os cuidados de fim de vida numa atmosfera amorosa, dotada de mais compaixão, deixando entre parênteses os próprios dogmas e preconceitos de maneira que consigam se aproximar do outro. Ao mesmo tempo, que se sintam acolhidos por essa mesma atmosfera afável.

## ESPIRITUALIDADE — "UMA COISA QUE VEM DE DENTRO DE VOCÊ, DA SUA ALMA, DA FÉ"

Desde 1988, a dimensão espiritual compõe o conceito multidimensional de saúde (OMS, 1946), o que proporcionou maior visibilidade para questões existenciais que envolvem sentido da vida, propósito, construção de significado, transcendência, fé.

A dimensão espiritual exerce ampla influência sobre o comportamento dos seres humanos. Como se trata de um tema extremamente complexo, não há unanimidade em torno da sua conceituação; se está, necessariamente, associada às crenças e às práticas religiosas ou não, é ponto de divergências entre estudiosos. Koenig (2012) se posicionou contrariamente às versões dadas à definição de espiritualidade que a colocam como fruto do movimento chamado de secularização. De acordo com esse autor, se não estiver ligada à religião, a experiência não deve ser considerada espiritual, mas humanista. Em outra direção, para Walsh (2016), muitos indivíduos podem ter valores e práticas profundamente espirituais, como as contemplativas, as orações, as meditações, os rituais de cura, as expressões artísticas e os serviços solidários sem que se considerem crentes religiosos. Na visão de um dos familiares participantes sem credo religioso, o entendimento sobre espiritualidade se mostrou voltado para a prática de valores espirituais.

> *A gente tá nessa situação aqui toda, né, mas como que eu posso brigar com Deus? Eu não posso, entende? Tudo que está ligado a Deus não é ruim, né... A espiritualidade é tudo, ela é importante na nossa vida pra gente ter paciência com as pessoas, pra gente saber tomar as decisões certas, pra gente saber apreciar uma rosa, tão bom isso, né? Então, se tiver luto, tristeza, saudade, mas também se não tiver, a espiritualidade precisa ser uma coisa de todo dia, foi assim que meu pai e minha mãe me ensinaram que eu procuro seguir até hoje e acho que estou conseguindo, né?*
> (Fala do participante Milton)

No entendimento de Pessini (2010), certas visões da espiritualidade são mais antropológicas do que religiosas, estando mais relacionadas com a dimensão de interioridade do indivíduo, com a sua capacidade de dialogar com seu eu mais profundo. Considerando essa perspectiva, é uma compreensão que pode incluir tanto seguidores de determinada religião quanto agnósticos e ateus. Catré et al. (2016) defendem a adoção de um paradigma multidisciplinar que integre áreas distintas da ciência, como a psicologia, a antropologia, a história, a biologia, a sociologia, a linguística e a religião, em que cada uma possa colaborar com a compreensão do fenômeno a partir de seus aportes teóricos.

Com base no conceito de mundo presumido[2] (Parkes, 1998), Doka (2002) desenvolveu o conceito de mundo presumido espiritual, no qual abordou mais especificamente o

---

2. Conjunto de constructos internos, que começam a ser construídos desde o momento do nascimento, e formam os significados do que o indivíduo reconhece como mundo. Essas concepções pessoais possibilitam que o indivíduo se guie ao longo da vida, fazendo o papel de bússola. Quando alguém significativo morre, esse mundo interno, previsível, estruturado sobre essas crenças organizadoras, fica abalado e necessita passar por um processo de ressignificação.

sistema de crenças relacionadas à existência de Deus e aos mistérios da fé, que também são revisitadas com a iminência da perda e/ou quando o ente querido morre. Para Culliford (2015), viver no contexto da fé possibilita ao ser humano trabalhar no psiquismo uma conexão com o infinito, com o misterioso, com o que está além de si mesmo. Entendendo a espiritualidade como uma dimensão da experiência humana, Walsh (2016) apresenta uma definição expandida em que a noção de interdependência exige do homem uma nova relação com a ética. Não existe fora e dentro; o outro e eu. Somos todos, em alguma dimensão, nós. Fazer ao outro é, em certa parte, fazer a si mesmo também:

> Assim como a cultura ou a etnia, a espiritualidade envolve correntes de experiência que fluem por todos os aspectos da vida, desde a herança multigeracional até o sistema de crenças compartilhadas e sua expressão nas transações constantes, práticas espirituais e respostas à adversidade. Ela flui e emerge em significância durante o curso da vida. Com ligações neurobiológicas, envolve a mais profunda e genuína conexão dentro do *self*, considerada como nosso espírito interior, o centro do ser ou da alma. Inclui valores éticos e uma bússola moral, expandindo a consciência para a responsabilidade por si mesmo e além de si, com consciência da nossa interdependência. Dessa forma, a espiritualidade transcende o *self*: ela estimula uma noção de significado, plenitude, harmonia e conexão com todos os outros — desde os vínculos mais íntimos até a família estendida e as redes na comunidade até uma unidade com a vida, a natureza e o universo. (p. 348)

Segundo Medeiros e Barreto (2016), a vivência da espiritualidade proporciona sentimentos de bem-estar, segurança, proteção e conforto, além de dar sentido à vida e de auxiliar no enfrentamento de situações adversas, como no caso de adoecimentos graves. Berni (2016) relaciona a busca de bem-estar com o conceito de religiosidade; a forma de vivê-la influencia as escolhas dos hábitos de vida e pode representar melhores condições de saúde. Para Sánchez, Sierra e Zárate (2014), a presença de uma doença que ameaça a continuidade da vida costuma suscitar questionamentos a respeito da finitude e, consequentemente, a busca de sentido para o vivido.

> *Por que com a gente? Comigo? Com a nossa família? No fundo da minha alma, do meu coração, é uma tristeza que não tem como medir... A gente pensa no que é a vida, no que fez, no que ainda vai fazer e nessa condição da gente, né, nessa finitude que a gente passa nesta vida aqui.*
> (Fala da participante Renata)

Coelho e Barbosa (2017) observaram a importância dos dispositivos que ajudam a proteger a saúde intrapsíquica do familiar, auxiliando-os a suportar a rotina extenuante e estressante dos cuidados diários, muitas vezes sobrecarregados emocionalmente pela ameaça da morte. A convocação de Deus aparece relacionada com uma força superior poderosa com quem o familiar pode contar para dividir a experiência mais difícil da vida, que é a perda de alguém cujo elo de amor é insubstituível. Deus é o único que pode ajudar a suportar esse tamanho de dor. Deus é visto como aquele que sabe de todas as coisas, o que conhece todas as respostas, o que ampara todos os desconsolos. No arcabouço da teoria do apego de Bowlby (1989) encontramos conceitos centrais que dialogam com essa ideia de espiritualidade como apoio, proteção. A presença de uma figura principal de apego percebida como segura participa ativamente no desenvolvimento da confiança que a criança tem em si mesma e no mundo. A vinculação segura no início da vida traduz-se em um adulto mais autoconfiante, que saberá acionar seu comportamento de apego em direção de quem/do que possa lhe proporcionar segurança e senso de estabilidade.

Parkes (2009) confirmou a proposição de Bowlby (1990) e foi além. O estilo de apego desenvolvido na infância afeta a maneira como o indivíduo se relaciona em toda a sua vida, seja em relação às figuras dos pais (figuras de apego principais), seja em relação a outras pessoas, instituições, grupos, lugares (figuras de apego subordinadas). Segundo Cyrulnik (2018, p. 69), "a palavra 'apego' escolhida por Bowlby designa uma infinidade de objetos heterogêneos: a mãe, é claro, depois o pai, alguns elementos da fratria, o cão, a babá, a escola, o bairro, a mochila e Deus!" Sobre os estilos de apego — seguro, inseguro evitativo e inseguro ambivalente — desenvolvidos a partir da relação com as figuras primárias, Cyrulnik (2018, p. 64) traçou um paralelo interessante ao relacioná-los à maneira como se aprende a amar a Deus: "Quem adquiriu um apego distante amará Deus de maneira pouco expressiva; quem foi estruturado por um apego ambivalente alternará manifestações de fervor e de hostilidade a Deus; e a criança segura amará Deus de maneira tranquila".

> *A gente precisa ganhar como se fosse uma força extra, uma força que vem de Deus, uma coisa que a gente sente lá dentro e que não tem explicação, eu acho que só a fé mesmo é que ajuda a gente a passar por um momento difícil como este. [...] A espiritualidade tem sido como se fosse... [...] um porto seguro, que me dá aquela segurança de que nada é por acaso, tudo tem um sentido, né, eu vejo que tem um sentido. E, se não fosse a espiritualidade, eu não sei como eu estaria [...].*
> (Fala da participante Luiza)

A atribuição do significado de espiritualidade como experiência suportiva por quem se vê em situação de vulnerabilidade mostra-se um importante recurso no enfrentamento de situações adversas, como no caso das perdas significativas (Parkes, 1998; Fonseca, 2004; Franco, 2010, 2011). Significados como força, segurança e suporte foram os mais atribuídos pelos familiares que, diante do abalo no mundo presumido, precisaram encontrar alguém ou algo suficientemente poderoso que transmitisse firmeza, proteção e esperança. Nos achados de Coelho e Barbosa (2017), proteção intrapsíquica e esperança são aspectos significativos da vivência do luto antecipatório que mais parecem se aproximar da forma como os familiares percebem a espiritualidade.

## CONSIDERAÇÕES FINAIS

> Então, Almitra falou, dizendo:
> "Gostaríamos de interrogar-te a respeito da Morte".
> E ele disse:
> Quereis conhecer o segredo da morte.
> Mas como poderíeis descobri-lo se não o procurardes no coração da vida?
>
> GIBRAN (1972, p. 77)

Este capítulo procurou compreender o *ser espiritual* como uma dimensão do humano que aproxima o olhar em direção ao mistério que atravessa a morte e o morrer — dimensão esta que consideramos *sine qua non* nas atitudes que envolvem o cuidar. Afirmamos nossa postura ética de laicidade sem perder de vista a excelência no acolhimento, um dos pilares da nossa atuação profissional. Esse posicionamento aponta para uma prática clínica flexível e inclusiva, que se propõe a ser abrigo para os que seguem quaisquer credos religiosos, para os que se guiam por outros que não religiosos e para os que se sentem orientados por nenhum.

Como uma dimensão de transcendência, ainda que não esteja ligada à expressão religiosa, a experiência da espiritualidade pode proporcionar alguma serenidade para lidar com o processo de luto, ajudando a alimentar a fé e a esperança num amanhã possível. Portanto, quando essas experiências podem ser integradas durante o adoecimento de um ente querido e em sua morte, elas apontam para um melhor prognóstico na vivência dos lutos.

Mesmo comungando do sentimento de que a espiritualidade é uma experiência de transcendência em direção a Deus que ajuda no fortalecimento perante adversidades, as falas das participantes Francisca, Dolores e Caetana, respectivamente praticantes das religiões católica, evangélica e católica, associaram o radical da palavra *spiritus* à religião espírita, pela qual não se sentem representadas. A falta de clareza sobre o significado dos termos "espírito", "espiritismo" e "espiritualidade" mostrou-se presente também entre alguns profissionais, o que aponta para a necessidade de que o tema seja mais amplamente debatido.

REFERÊNCIAS

BARDIN, L. *Análise de conteúdo*. Lisboa: Edições 70, 2011.

BERNI, L. E. V. "Os diferentes usos do termo espiritualidade — Na busca de uma definição instrumental para a Psicologia". In: CONSELHO REGIONAL DE PSICOLOGIA DE SÃO PAULO. *Psicologia, espiritualidade e epistemologias não-hegemônicas*. v. 3. São Paulo: CRP, 2016. p. 47-55.

BOFF, L. *Saber cuidar — Ética do humano — Compaixão pela terra*. Petrópolis: Vozes, 1999.

BOFF, L. *Espiritualidade — Um caminho de transformação*. Rio de Janeiro: Sextante, 2001.

_____. *Ethos mundial — Um consenso mínimo entre os humanos*. Rio de Janeiro: Sextante, 2003.

BOWLBY, J. *Uma base segura — Aplicações clínicas da teoria da vinculação*. São Paulo: Martins Fontes, 1989.

_____. *Apego e perda 1: Apego — A natureza do vínculo*. 2. ed. São Paulo: Martins Fontes, 1990.

BREITBART, W. "Espiritualidade e sentido em cuidados paliativos". In: PESSINI, L.; BERTACHINI, L. (orgs.). *Humanização e cuidados paliativos*. 5. ed. São Paulo: Loyola, 2011. p. 209-21.

CATRÉ, M. N. C. et al. *Espiritualidade: contributos para uma clarificação do conceito*. Análise Psicológica, v. 34, n. 1, p. 31-46, mar. 2016.

COELHO, A.; BARBOSA, A. "Family anticipatory grief: an integrative literature review". *American Journal of Hospice and Palliative Care*, v. 34, n. 8, p. 774-85, 2017.

CULLIFORD, L. *A psicologia da espiritualidade — O estudo do equilíbrio entre mente e espírito*. São Paulo: Fundamento Educacional, 2015.

CYRULNIK, B. *Psicoterapia de Deus*. Petrópolis: Vozes, 2018.

DOKA, K. "How could God? Loss and the spiritual assumptive world". In: KAUFFMAN, J. (org.). *A theory of traumatic loss*. Nova York: Routledge, 2002. p. 49-54.

EISMA, M. C. et al. "Adaptive and maladaptive rumination after loss: a three-wave longitudinal study". *British Journal Clinical Psychology*, v. 54, n. 2, p. 163-80, 2014.

FERREIRA, M. L. *O pêndulo de cristal — Uma terapia psico-oncológica*. Aparecida: Ideias e Letras, 2004.

FONSECA, J. P. *Luto antecipatório — As experiências pessoais, familiares e sociais diante de uma morte anunciada*. Campinas: Livro Pleno, 2004.

FONSECA, A.; GEOVANINI, F. "Cuidados paliativos na formação do profissional da área de saúde". *Revista Brasileira de Educação Médica*, v. 37, n. 1, p. 120-5, 2013.

Franco, M. H. P. "Luto em cuidados paliativos". In: Oliveira, R. A. (coord.). *Cuidado paliativo*. São Paulo: Cremesp, 2008. p. 559-70.

_____. "Por que estudar o luto na atualidade?" In: Franco, M. H. P. (org.). *Formação e rompimento de vínculos — O dilema das perdas na atualidade*. São Paulo: Summus, 2010. p. 17-42.

_____. *Luto — A morte do outro em si*. In: Franco, M. H. P. (org.). *Vida e morte — Laços da existência*. 2. ed. São Paulo: Casa do Psicólogo, 2011.

_____. "A complexidade dos cuidados paliativos e a morte na contemporaneidade". In: Kamers, M.; Marcon, H. H.; Moretto, M. L. T. (orgs.). *Desafios atuais das práticas em hospitais e nas instituições de saúde*. São Paulo: Escuta, 2016. p. 313-28.

_____. *O luto no século 21 — Uma compreensão abrangente do fenômeno*. São Paulo: Summus, 2021.

Gibran, G. K. *O profeta*. Rio de Janeiro: Raval, 1972.

Guedes, I. A. A. *A espiritualidade frente ao processo de final de vida de um ente querido — Reflexões sobre os significados atribuídos pelo familiar*. Dissertação (mestrado em Psicologia Clínica) — Pontifícia Universidade Católica de São Paulo, São Paulo, 2018.

Koenig, H. G. *Medicina, religião e saúde — O encontro da ciência e da espiritualidade*. Porto Alegre: L&PM, 2012.

Kovács, M. J. *Educação para morte — Sugestões de linhas de ações para o psicólogo*. São Paulo: Casa do Psicólogo, 2005.

Liberato, R. P.; Macieira, R. C. "Espiritualidade no enfrentamento do câncer". In: Carvalho, V. A. et al. (orgs.). *Temas em psico-oncologia*. São Paulo: Summus, 2008. p. 414-31.

Lindemann, E. "Symptomatology and management of acute grief". *The American Journal of Psychiatry*, v. 101, n. 2, p. 141-8, 1944.

Lispector, C. *Entrevistas*. Rio de Janeiro: Rocco, 2007.

Matsumoto, D. Y. "Cuidados paliativos: conceitos, fundamentos e princípios". In: Carvalho, R. T.; Parsons, H. A. (orgs.). *Manual de cuidados paliativos*. 2. ed. São Paulo: Academia Nacional de Cuidados Paliativos, 2012. p. 23-30.

MAZORRA, L. *A construção de significados atribuídos à morte de um ente querido e o processo de luto*. Tese (doutorado em Psicologia Clínica) — Pontifícia Universidade Católica de São Paulo, São Paulo, 2009.

MEDEIROS, W. de C. M.; BARRETO, C. L. B. "(Re)integrando a espiritualidade na saúde — Caminhos em construção". In: AQUINO, T. A. A. de; CALDAS, M. T.; PONTES, A. de M. (orgs.). *Espiritualidade e saúde — Teoria e pesquisa*. Curitiba: CRV, 2016. p. 47-72.

MINAYO, M. C. S. *O desafio do conhecimento — Pesquisa qualitativa em saúde*. 8. ed. São Paulo: Hucitec, 2004.

MONTEIRO, M. C. *A morte e o morrer em UTI — Família e equipe médica em cena*. Curitiba: Appris, 2017.

MOON, J. P. "Anticipatory grief: a mere concept?" *American Journal of Hospice and Palliative Medicine*, v. 33, n. 5, p. 417-20, 2015.

NOVAIS, L. N.; FERNANDES, M. L. "Notas sobre os desafios da espiritualidade contemporânea: uma leitura a partir de Leonardo Boff". *Caderno Teológico da PUCPR*, v. 3, n. 3, p. 40-57, 2015.

ORGANIZAÇÃO MUNDIAL DA SAÚDE. *Constitution*. 1946. Disponível em: https://apps.who.int/gb/bd/PDF/bd47/EN/constitution-en.pdf?ua=1. Acesso em: 30 jan. 2023.

_____. "Introduction". In: WORLDWIDE PALLIATIVE CARE ALLIANCE. *Global atlas of palliative care at the end of life*, 2014. p. 4-9.

PARK, C. L. "Meaning, spirituality and health: a brief introduction". *Revista Pistis & Praxis: Teologia e Pastoral*, v. 6, n. 1, p. 17-31, jan./abr. 2014.

PARKES, C. M. *Luto — Estudos sobre a perda na vida adulta*. 3. ed. São Paulo: Summus, 1998.

_____. *Amor e perda — As raízes do luto e suas complicações*. São Paulo: Summus, 2009.

PESSINI, L. *Espiritualidade e a arte de cuidar — O sentido da fé para a saúde*. São Paulo: Paulinas/Centro Universitário São Camilo, 2010.

RANDO, T. A. (org.). *Clinical dimensions of anticipatory mourning*. Champaign: Research Press, 2000.

RODRIGUEZ, M. I. F. *Um olhar para a despedida — Um estudo do luto antecipatório e sua implicação no luto pós-morte*. Dissertação (mestrado em Psicologia Clínica) — Pontifícia Universidade Católica de São Paulo, São Paulo, 2014.

ROLLAND, J. S. "Doença crônica e o ciclo de vida familiar". In: CARTER, B; MCGOLDRICK, M. (orgs.). *As mudanças no ciclo de vida familiar — Uma estrutura para a terapia familiar*. 2. ed. Porto Alegre: Artmed, 1995. p. 373-92.

SÁNCHEZ, R.; SIERRA, F.; ZÁRATE, K. "¿Son la religiosidad y la espiritualidad dimensiones diferentes?" *Revista Colombiana de Cancerología*, v. 18, n. 2, p. 62-8, 2014.

SEPULVEDA, J. M. G. et al. "What is a good death? A choice experiment on care indicators for patients at end of life". *Journal of Pain and Symptom Management*, v. 63, n. 4, p 457-67, 2022.

SILVA, G. de F. "A espiritualidade na prática do profissional de saúde — Desafios e oportunidades". In: AQUINO, T. A. A. de; CALDAS, M. T.; PONTES, A. de M. (orgs.). *Espiritualidade e saúde — Teoria e pesquisa*. Curitiba: CRV, 2016. p. 73-92.

SIQUEIRA, J. E.; PESSINI, L. "Aspectos éticos sobre a terminalidade da vida no Brasil". In: CARVALHO, R. T.; PARSONS, H. A. (orgs.). *Manual de cuidados paliativos*. 2. ed. São Paulo: Academia Nacional de Cuidados Paliativos, 2012. p. 410-4.

STAKE, R. "Cases studies". In: DENZIN, N.; LINCOLN, Y. S. *Handbook of qualitative research*. Londres: Sage, 1994. p. 236-47.

STROEBE, M.; SCHUT, H. "The dual process model of coping with bereavement: rationale and description". *Death Studies*, v. 23, p. 197-224, 1999.

TISCAREÑO, R. L. "Entre Cronos y Kairós. De Guadalupe Valencia". *Nóesis. Revista de Ciencias Sociales y Humanidades*, v. 18, n. 36, p. 225-34, 2009.

WALSH, F. "A dimensão espiritual da vida familiar". In: WALSH, F. *Processos normativos da família — Diversidade e complexidade*. 4. ed. Porto Alegre: Artmed, 2016. p. 347-72.

WIEGAND, S. C. B. "Educação para a morte". In: ESCUDEIRO, A. (org.) *Sobre perdas*. Fortaleza: LC, 2010. p. 122-9.

# A CONCEPÇÃO INFANTIL SOBRE A MORTE E O PROCESSO DE DESENVOLVIMENTO

IDA KUBLIKOWSKI

Em nossa cultura, a morte era parte da vida, mas acabou por se deslocar para os hospitais, onde passou a se esconder. No entanto, é inegável a fascinação por ela exercida ao ser exposta de forma acintosa em filmes, na TV e nas mídias digitais. Como afirmam Lima e Kovács (2011, p. 391), vivenciamos de forma simultânea o "interdito e o escancarado". Falar em morte nos remete ao luto, companheiro perene dessa morte escondida/escancarada, como um processo imprevisível, difícil de descrever em palavras, que nos escapa e se manifesta de forma inesperada.

A perda é abordada por Shapiro (2001) como uma poderosa experiência que expõe a construção interpessoal do *self* através das transições ordinárias e extraordinárias no ciclo vital da família. Por meio de uma coreografia complexa de interações, que se iniciam na família e se estendem para um amplo círculo de parceiros, constrói-se um *self* colaborativo. A morte abala os alicerces desse *self* e acaba por exigir do enlutado uma reconstrução dos recursos relacionais.

Nesse sentido, de uma perspectiva sistêmica, fica claro o desvio de foco nas transições que envolvem as perdas, anteriormente centrado no indivíduo, para considerar o impacto da morte na família enquanto sistema relacional, que afeta todos os seus membros. Essa experiência é influenciada pelas vivências de perdas anteriores, em um ciclo de vida familiar compartilhado que, para além das patologias, envolve a recuperação e a resiliência. São também reconhecidas as influências recíprocas de várias gerações que, movendo-se através do tempo, respondem às perdas, assim como são consideradas as reverberações da morte e dos significados que carrega para todos os membros da família, os quais se modificam em contextos culturais diversos (Walsh e McGoldrick, 2013).

Cabe ressaltar que nas culturas ocidentais há uma dominância daquilo que Neimeyer, Prigerson e Davies (2002) denominam compreensão essencialista do luto: uma resposta natural à perda, caracterizada por presumidos sintomas universais. Essa visão tende a atribuir o sofrimento a estados internos, sem considerar os sistemas sociais mais amplos, que entre os seus discursos produzem aqueles que atribuem significado à morte. Embora essas práticas linguísticas possam se cristalizar em diferentes formas culturais, nas sociedades pós-modernas e plurais essas versões se enredam e representam demandas competitivas para as pessoas nelas imersas.

Ao final, segundo os autores, são os usuários desses discursos que se posicionam nesses fluxos de significado e, seletivamente, se apropriam de formas de compreender a morte. Suas respostas envolvem rituais, a cultura local e os discursos na atribuição de significado à perda, de forma a permitir renegociar uma narrativa de vida coerente para acomodar transições dolorosas. Nesse sentido, a construção desses significados envolve, além da consciência individual, a linguagem, tradições espirituais e conversações interpessoais, que interagem na compreensão do luto por dado indivíduo ou grupo.

Através da história e em cada cultura e religião, crenças, práticas e rituais ligados ao significado da vida e da morte facilitam essa passagem, na qual se observa uma enorme variação nos processos "normais" no luto individual. E, apesar da diversidade nos modos individuais, familiares e culturais de lidar com a morte e a perda, as famílias exercem influência crucial nas formas saudáveis ou não de adaptação à perda, que se articula com a resiliência (Walsh, 2006).

Se a morte é uma das transições mais difíceis no ciclo de vida familiar, representa também um desafio para intervenções no âmbito da psicologia clínica. Walsh (2006) nos alerta sobre os riscos de confundir os padrões mais comuns de resposta às perdas com padrões normativos de comportamento, em um contexto de diversidade de composições familiares, com diferentes valores e cursos de vida, assim como assumir que as diferenças observadas nas formas de lidar com o luto sejam patológicas. Há de se respeitar heranças culturais e crenças religiosas e encorajar a busca de caminhos, assim como reforçar relacionamentos-chave e o funcionamento da família, em um processo de cura que pode reverberar no sistema e beneficiar cada um de seus membros.

Quando lidamos com crianças, Walsh (2006) destaca a necessidade de ajuda para que os pequenos possam atribuir sentido à experiência de perda em acordo com seu estágio de desenvolvimento. No entanto, mudanças recentes nas estruturas familiares e em normas sociais acabaram por afastar as crianças, assim como os adultos, da realidade da morte na vida cotidiana. Também houve alterações nas atitudes referentes a como as crianças devem ser educadas, especialmente em relação a sua exposição à morte e ao morrer. Busca-se proteger as crianças, consideradas imaturas tanto cognitiva quanto emocionalmente para compreender a morte e lidar com ela (Longbottom e Slaughter, 2018).

Essa breve introdução em torno das perdas nos oferece o contexto para buscar compreender como as crianças constroem suas concepções sobre a morte por meio dos significados que lhe atribuem. Fazer referência ao significado é aceitar que o mundo nos é oferecido como um texto ambíguo, que necessita de um tradutor que o conceba e lhe dê forma por meio da sua interpretação. Construímos o real ordenando nossas experiências, que se tornam conceituais, pois são definidas em linguagem e compreendidas enquanto significação. Essas traduções que lhe conferem realidade não são livres; realizadas do ponto de vista do observador, são filtradas por visões de mundo e por um sistema de valores compartilhados.

Assim, nossas formas de ver a morte e sentir as perdas não são pasteurizadas, o que nos faz discordar das teorias clássicas sobre o desenvolvimento humano, pautadas em normas que regulamentam nosso percurso pela vida em uma sequência universal e previsível. Nesse cenário, que implica não só divergências teóricas, mas questões epistemológicas, temos por objetivo no presente capítulo analisar como as crianças compreendem a morte, assim como estabelecer um diálogo com a psicologia do desenvolvimento, visando revê-la à luz da abordagem sistêmica. Sua relevância reside em promover o desenvolvimento de estratégias interventivas e educativas relativas à morte e ao morrer, pois pretender não enxergar a importância de falar a respeito da morte com crianças, assim como negar-lhes espaços de fala é privá-las de uma realidade inevitável, dado que morte e vida estão intrinsecamente interligadas.

### SER OU NÃO SER ADULTO, É ESSA A QUESTÃO?

O desenvolvimento infantil é em geral visto em termos cognitivos. Tendemos a perguntar: com que idade a criança pode compreender a morte? Com que idade poderia assistir a um funeral? Doka (1995) pondera que não há respostas fáceis quando se considera que o processo de desenvolvimento é multifacetado. As crianças se desenvolvem não só física e cognitivamente, mas espiritual, emocional, social e psicologicamente, em contextos culturais e religiosos específicos, com apoio de suas famílias, comunidades, escolas e em histórias de vida singulares. A criança em desenvolvimento busca dar sentido ao seu mundo e aos fatos que nele ocorrem, utilizando as próprias forças e o apoio de adultos e iguais.

Ao nos aproximarmos do conceito infantil de morte, Corr (1995) nos lembra de que o desenvolvimento cognitivo é afetado pelas experiências infantis e pela cultura. O foco das teorias cognitivas sobre a idade, consideradas pelo autor uma forma insuficiente de abordar o tema, assim como sobre o que a criança pode ou não compreender é substituído pela busca de compreensão dos significados atribuídos à morte, ou seja, a como a criança tenta ativamente dar sentido ao mundo, no limite de suas capacidades cognitivas.

Cabe aqui iniciar refletindo sobre as crianças das quais estamos falando. Nascidas a partir de 2010, trata-se da chamada geração Alpha, da qual Macedo e Rangel (2022), nos oferecem um retrato instigante, afirmando que a velocidade das mudanças que vivenciamos modifica nossa maneira de conceber a infância e traz implicações para as formas pelas quais as crianças são representadas e se constroem como indivíduos.

Essa nova geração é composta por crianças que chegam a um mundo digital, conectadas em redes, têm maior acesso ao conhecimento, familiaridade com a tecnologia e uma educação mais ampla do que as gerações que a precederam. Os estímulos aos quais estão sujeitas despertam respostas rápidas, uma aceleração do processo de desenvolvimento, destreza com aparelhos eletrônicos e o universo das redes sociais, o que leva os pais a afirmarem que as consideram mais inteligentes do que eles próprios foram. A tecnologia faz parte da vida delas desde o nascimento. O meio digital torna-se um espaço de interação e troca, que possibilita descobrir coisas novas, se comunicar, brincar e experimentar, tornando-se parte da formação e interpretação do mundo que elas realizam.

Nesse sentido, as vivências e os relacionamentos infantis são diferenciados e, segundo as autoras, manter sobre eles o mesmo prisma de outrora e adotar um olhar nostálgico para o comportamento infantil contemporâneo, alicerçado no ponto de vista adulto, impacta a realidade que é vista. Devemos aceitar o convite dessa nova geração que quer ser vista e compreendida, dando-lhe voz ativa para falar de si mesma.

A questão do olhar adulto sobre a criança nos é trazida por vários autores. Silva (2016) afirma que até o século 17 pouca atenção era dispensada às crianças, que se tornaram protagonistas e sujeitos de direito no mundo contemporâneo. No entanto, uma das versões mais difundidas sobre a criança, com longa tradição histórica, afirma que se trata de um ser em desenvolvimento — ideia problemática, pois tendemos a vê-las como pessoas não completas.

Essa falta de completude é patente na literatura sobre o conceito infantil de morte, e consequentemente, no decorrer do presente texto, no qual, em vários momentos, o pensamento da criança é adjetivado por diferentes autores como limitado, imaturo e equivocado. Em contrapartida, o adulto é apresentado como um ser desenvolvido e completo, o que nos faz esquecer de que também ele é um ser em desenvolvimento, cuja forma de conceituar a morte é considerada "correta", por fazer comunicar todos os componentes julgados adequados a uma "boa" compreensão do fenômeno. Trata-se, a nosso ver, de diferenças valoradas como desigualdades, fator que em muito dificulta falar com as crianças sobre a morte, pois, por pressuposto, elas compreendem mal a questão, expressão também bastante presente na literatura na forma de *misunderstandings*.

Assim, se o adultocentrismo continua sendo o modelo dominante nas relações entre adultos e crianças, quem seria a criança da qual falamos? Assim como Cabral e Dias (2019), acreditamos que, independentemente do contexto, as crianças podem exercer criativamente o seu protagonismo por meio de formas próprias de subversão em diferentes circunstâncias. Ao contrário de uma noção da criança como aprendiz, que reproduz direta e passivamente os ensinamentos adultos,

> vamos nos distanciando da criança das teorias do desenvolvimento, que vai fragmentando o corpo em fases, categorias e expectativas. Queremos a criança acontecendo, resistindo e construindo rachaduras nos funcionamentos que as tomam como simples receptoras de informações, corpos domáveis ou projetos de adultos. (Braga, Zamboni e Rodrigues, 2019, p. 17)

No entanto, ao nos voltarmos para a literatura que aborda como as crianças compreendem o conceito de morte, observamos a permanência desse olhar adulto e normativo sobre o fenômeno, com foco no desenvolvimento cognitivo: em função da idade, as crianças apresentam uma variabilidade na compreensão da morte, que progride ao longo de um processo linear. Silva et al. (2020) afirmam que faltam evidências integradoras que explorem a compreensão da morte pelas crianças para além da capacidade cognitiva.

Observamos em Humbert (2003) uma breve descrição da compreensão do conceito de morte pelas crianças, utilizando como parâmetro as faixas etárias, associadas às concepções de Piaget (1975) sobre o desenvolvimento cognitivo, predominantes na literatura sobre o tema. Antes dos 3 anos, as crianças não compreendem o conceito de morte e reagem de maneira intensa à falta daqueles que a alimentam e confortam. De 3 a 6 anos, conhecem a morte como uma partida ou como um adormecer, ou seja, algo temporário e, em consequência, reversível. Creem também que seus pensamentos podem provocar a morte, exemplo do pensamento egocêntrico de acordo com Piaget. Entre 6 e 10 anos, as crianças integram o conceito de morte como irreversível, mas imaginam que seus pensamentos ou ações podem influenciá-la. A partir dos 10 anos, conseguem compreender o significado e o simbolismo das palavras, por meio do pensamento formal; assim, a morte se torna um processo inevitável, universal e irreversível.

Cabem algumas observações sobre a percepção da morte antes dos 3 anos, o que nos afasta do conceito de morte e nos remete a como os bebês expressam a falta. Bowlby (1960) afirma ser possível reconhecer o luto a partir dos 6 meses de idade, sendo sua teoria do apego um ponto de referência para pensar a questão. Beaumont (2002) articula a teoria cognitiva e a teoria do apego para analisar o universo do bebê, cuja experiência é composta por sensações, o que não lhe permite compreender o conceito de morte no plano cognitivo, mas não o impede de sentir a falta.

Ao construir seu mundo, o bebê vai aos poucos percebendo que as pessoas e os objetos não desaparecem quando o contato visual é rompido. Como em um jogo de esconde-esconde, ele vai se dando conta de que as pessoas retornam depois de terem cessado de existir em seu mundo perceptivo. No entanto, ao atravessar o estágio sensório-motor (Piaget, 1975), caracterizado pela exploração e apreensão do mundo por meio dos sentidos e do corpo, associado a situações de luto e sem compreender o que se passa, o bebê sente a falta e a ela reage intensamente. Tais reações devem ser lidas, segundo Beaumont (2002), por meio das figuras de apego (Bowlby, 1960), o que evidencia a tragédia da separação não associada à tragédia da morte. Assim, quanto mais nova a criança, mais necessária se faz uma figura de apego, que mantenha a sua rotina e lhe ofereça carinho e atenção para seu desenvolvimento e sua segurança.

Slaughter (2005), por sua vez, lança luz sobre como as crianças fazem a transição para a compreensão adulta da morte, traçando um panorama de 50 anos de pesquisa. No entanto, em vez de classificar as pesquisas por faixa etária, fez uso das perspectivas teóricas que as orientaram, a saber, a psicanálise, a teoria de Piaget e as conceituações biológicas sobre a morte.

*As pesquisas psicanalíticas*: as primeiras pesquisas publicadas sobre a compreensão da morte pelas crianças foram desenvolvidas por investigadores que trabalhavam de uma perspectiva psicanalítica. São estudos descritivos que se utilizaram de técnicas projetivas e de entrevistas e encorajavam as crianças a expressar livremente seu conhecimento sobre a morte, com foco em suas respostas emocionais. Essas investigações evidenciaram que a morte é uma questão difícil, cuja resposta se traduz em tristeza, ansiedade e medo da separação, inerente à morte. Os pesquisadores deixaram claro que a compreensão infantil sobre a morte é diferente daquela dos adultos e que essa diferença pode intensificar as respostas emocionais. Concluem que a capacidade da criança pequena para compreender e aceitar a morte é limitada por sua imaturidade cognitiva e emocional e que seus equívocos em torno do tema podem aumentar sua ansiedade.

*As pesquisas piagetianas*: surgiram entre os anos 1960 e 1970, associando a compreensão da morte pela criança aos estágios propostos por Piaget (1975) para o desenvolvimento cognitivo. Entrevistas estruturadas permitiram associar as respostas das crianças aos conceitos propostos pelo autor a cada estágio, para avaliar a capacidade infantil de responder corretamente às questões referentes ao conceito de morte, que envolve os seguintes componentes: a) irreversibilidade, ou seja, os mortos não voltam à vida; b) universalidade, a compreensão de que os seres vivos, e apenas eles, devem morrer; c) compreensão da mortalidade pessoal; d) inevitabilidade da morte; e) cessação do funcionamento do corpo e da mente; f) causalidade, a compreensão de que a morte é causada por um colapso na função corporal; g) imprevisibilidade, dado que o tempo da morte natural não pode ser conhecido antecipadamente.

Slaughter (2005) afirma que esses estudos permitiram traçar uma trajetória de desenvolvimento mais precisa no que se relaciona ao conceito de morte, assim como determinar que um conceito maduro envolveria todos esses componentes. Apesar de esses sete conceitos não representarem uma unanimidade entre os pesquisadores, foi possível traçar um padrão consistente de aquisições que refletem o desenvolvimento cognitivo infantil. A partir dos 7 anos, a morte pode ser entendida de forma mais lógica, sendo a compreensão de crianças mais novas caracterizada como egocêntrica (a dificuldade do sujeito de perceber as diferenças dos pontos de vista entre os interlocutores) e animista (tendência da criança de dar vida aos objetos). A autora observa que tais caracterizações, assim como as observações psicanalíticas, continuam sendo relevantes ao retratarem o conteúdo do conceito de morte em crianças de diferentes idades.

*As pesquisas sobre a morte enquanto conceito biológico*: essa abordagem emergiu de pesquisas e teorias sobre o desenvolvimento cognitivo e assume que as crianças pequenas ativamente constroem teorias ingênuas sobre o mundo. Esse modelo enfatiza o papel da explicação causal na organização do conhecimento infantil e na aprendizagem de diferentes domínios da experiência, assim como reconhece a importância de mudanças conceituais nessa aprendizagem.

Slaughter (2005) cita os estudos de Carey (1987) nos quais crianças de várias idades foram convidadas a julgar a extensão pela qual entidades diferentes, como pessoas, insetos e objetos inanimados, tinham propriedades biológicas, como a capacidade de comer e respirar. Seus resultados evidenciaram que é só em torno de 10 anos que as crianças adquirem uma compreensão coerente de como os fenômenos biológicos se relacionam entre si e com as coisas vivas. A noção de morte é, no início, assimilada a fenômenos familiares, como partidas e sono. Assim, a noção de morte é enquadrada como um fenômeno psicológico/comportamental, pois as crianças acabam por interpretar o que sabem sobre a morte no contexto dos seus conhecimentos sobre o comportamento humano.

Tal compreensão da morte ocorre porque as crianças pequenas não construíram ainda uma teoria coerente sobre a biologia que lhes permita integrar o que elas conhecem sobre a morte a temas como saúde, doenças e o ciclo vital. Nesse sentido, afirmam que cães e macacos parecem possuir mais propriedades biológicas, como respirar e se reproduzir, do que as abelhas ou as plantas. É somente entre 5 e 8 anos que a criança passa a pensar especificamente nos fenômenos biológicos e, consequentemente, na morte como fenômeno biológico. Assim, ao mesmo tempo que compreende algo sobre o corpo e a manutenção da vida, a compreensão sobre a morte se modifica e é conceituada em termos biológicos.

Por isso, Slaughter (2005) assinala a atenção a ser dispensada no trabalho com crianças para não reforçar as suas compreensões psicológicas/comportamentais. Afirmar, por exemplo, para consolar o luto infantil que "ela agora está descansando" ou "ela terá uma vida melhor" pode, ao reforçar a compreensão não biológica da morte, gerar confusão entre morte e sono, assim como preocupações sobre se o ser amado está ou não feliz, sobre quando acordará e voltará e por que escolheu partir.

Na visão de Menendez, Hernandez e Rosengren (2020), se tradicionalmente se acreditava que as crianças não entendiam o significado da morte até em torno de 10 anos, mudanças nas metodologias levaram os pesquisadores a concluir que uma compreensão emergente da morte pode ocorrer em idade mais precoce, o que a nosso ver é um argumento fraco, pois sua constatação mereceria ser mais explorada. Por outro lado, os autores afirmam que as abordagens cognitivas reduzem o conceito a seus aspectos biológicos, o que pode se tornar problemático na medida em que, para muitos indivíduos, grupos e culturas, a morte é também considerada através das lentes da religião e da espiritualidade.

A pesquisa por eles realizada com crianças britânicas entre 4 e 11 anos evidencia que a partir de 4-5 anos as explicações acerca de universalidade, inevitabilidade e causalidade vão se tornando cada vez mais biológicas. Em torno de 10-11 anos, muitas explicações refletem uma coexistência de ideias biológicas e sobrenaturais — religiosas, espirituais ou metafísicas. Tais ideias são mais prevalentes em crianças mais velhas e associadas às crenças religiosas e espirituais dos pais. Há também indicações de que o nível educacional dos pais e sua renda, junto com a religiosidade e as crenças espirituais, influenciam a compreensão que as crianças têm da morte.

Por sua vez, Doka (1995) oferece outra perspectiva sobre a questão ao contextualizá-la. Afirma que, independentemente da idade, as crianças experimentam as perdas e respondem à morte de diferente formas. Essa experiência, apesar de individualizada, se vê afetada pela qualidade das relações familiares, a disponibilidade de apoio, as circunstâncias da perda, a resiliência psicológica e as habilidades da criança para lidar com a situação, assim como por variáveis como gênero, nível socioeconômico, religião e cultura.

Essa posição é compartilhada por Corr (1995), que critica a abordagem da compreensão infantil da morte por meio da ideia de estágios e propõe uma visão que considera mais complexa, afirmando que cada subconceito envolvido no conceito de morte (universalidade, inevitabilidade, irreversibilidade, não funcionabilidade, causalidade) desafia a criança a dominar seus significados e lidar com suas implicações. Esse processo é visto como uma série de *"tarefas"* (p. 13, grifo do autor) adquiridas em tempos e situações diferentes que levam a criança a uma compreensão mais rica da morte, pois lhe permite articular os subconceitos com outras ideias e lidar de forma mais efetiva com suas experiências e preocupações.

Deslocar o olhar sobre a compreensão da morte pela criança para a ideia de tarefas permitiu, segundo o autor, escapar de duas armadilhas que afligem a teoria dos estágios: descrições estereotipadas e ligações equivocadas entre idade cronológica e desenvolvimento cognitivo. Por outro lado, de acordo com Corr (1995), a articulação de ideias feita pela criança permite-lhe assumir protagonismo na construção dos significados que atribui ao conceito de morte.

Percorrer a literatura visando analisar a compreensão infantil sobre a morte evidencia poucas produções recentes, assim como a força das visões cognitivas e biológicas, conforme expostas. Cabe destaque à investigação de Ahmadi et al. (2019), que, a partir de uma posição teórica relacional e fenomenológica, nos alertam de que as pesquisas marcam um objeto de forma limitada e bem definida, o que tem sido tendência nos estudos sobre a compreensão infantil da morte. Isso limita o nosso olhar sobre um fenômeno que é multifacetado, pois envolve fatores culturais, sociais e religiosos, assim como evolucionários.

Para compreender a percepção da morte da perspectiva infantil é também importante atentar para a relação entre os construtos vida, morte e vida após a morte, assim como aceitar que há ideias especificas que as crianças constroem espontaneamente para atribuir sentido ao fenômeno. Portanto, pesquisar o tema envolve duas perspectivas: aquela das crianças, a ser privilegiada segundo os autores, e aquela do pesquisador, que visa compreender as falas infantis. Fica aqui implícito que crianças constroem ideias específicas sobre a morte e a vida após a morte, cujos sentidos ultrapassam as ideias sociais, culturais e religiosas — ou seja, os pequenos analisam, sintetizam, produzem e sentem até mesmo questões relativas à morte, por mais que os adultos tentem protegê-los.

Há então um deslocamento da visão adulta da infância para a perspectiva infantil, colorida pelo contexto no qual as crianças vivem, mas que é plena de ideias próprias. Se tradicionalmente a visão infantil era enquadrada em universalidade, irreversibilidade, não funcionamento e causalidade, às quais Ahmadi et al. (2019) acrescentam continuação não corpórea, temos uma compreensão adulta da morte. Sem negar que esses componentes aparecem nas percepções das crianças, trata-se de uma interpretação do ponto de vista adulto, a ser balanceada com as falas infantis.

Nas conclusões da pesquisa que os autores realizaram na Suécia com crianças entre 6 e 9 anos, fica claro que a compreensão que elas têm da morte é diversa, influenciada por contextos e pelas capacidades produtivas e sintetizadoras da mente, ou seja, expressa ideias infantis específicas. Apesar da dificuldade de nos afastarmos do corpo de conhecimento oferecido pelas teorias cognitivas, as coisas estão mudando em relação às nossas concepções sobre a compreensão infantil da morte: alteridade, diversidade e autoprodução são palavras-chave nessa mudança, o que a nosso ver contempla a perspectiva sistêmica em pesquisas e na prática clínica. No entanto, na dependência das compreensões prévias com as quais pesquisadores e clínicos abordam o fenômeno, a compreensão infantil sobre a morte pode continuar sendo feita apenas a partir de uma perspectiva, que pode se revelar normativa, adultocêntrica e limitada.

## UMA CRIANÇA É UMA CRIANÇA, EIS A QUESTÃO

A vinheta abaixo foi retirada de um artigo cujo foco era o atendimento clínico a crianças enlutadas, mas acabou por expor o que Ahmadi et al. (2019) denominam de autoprodução. A compreensão de Tina sobre a morte ilustra, além de sua irreversibilidade, as crenças familiares sobre a vida após a morte e a ressignificação realizada:

> "O corpo vai para debaixo da terra e é comido pelos vermes e o espírito vai para o corpo de um bebê bem pequenininho que nasce de novo na família." [...] Eu (terapeuta), então, pergunto quem havia lhe contado sobre como é o morrer, e ela me responde que havia sido seu pai. [...] Tina constrói o cenário final do cemitério onde, além de corpos enterrados, temos a presença de arbustos, símbolo da vida e do renascer. Neste ponto, ela pôde também

expressar que a decomposição do corpo gera alimento para nova vida, representada pelos arbustos colocados sobre o caixão enterrado. Assim, o processo "vida-morte-vida" foi revelado e significado pela criança em um lugar em que a morte pôde ser conquistada em seu psiquismo. (Bianchi et al., 2019, p. 1027)

Convidamos o leitor, partindo desse exemplo, a pensar conosco os processos de desenvolvimento, que, caracterizados por mudanças, eram (ainda são) classicamente abordadas em um sentido epigenético, ou seja, da universalidade, da repetição e da previsibilidade. Concebê-los da perspectiva sistêmica implicou uma ampliação do olhar, que passou a abranger o inesperado e abrir espaço para a emergência, com sentido de novidade e criatividade. A transformação ocorre quando há um choque que desafia pressupostos, pontos de vista, crenças e atitudes de forma a mudar a visão de uma pessoa sobre si mesma e sobre o mundo. Ressignificar as experiências vividas em novas soluções significa transcender o determinismo e construir novas realidades, plásticas e diversificadas.

Como destaca Morin (1977), essa expressão em originalidade é fruto de desenvolvimentos inovadores que, de forma imprevisível e descontínua emergem do sistema, gerando e regenerando novas propriedades e qualidades que nascem da organização viva. O sistema emerge em determinadas condições de formação, nas quais certos fenômenos interagem, assumindo a forma de inter-relações entre elementos, acontecimentos ou indivíduos, e se tornam estáveis, fazendo surgir certas qualidades novas, ou emergências, que não se expressavam nos elementos considerados de forma isolada.

Kloep e Hendry (2011) recorrem a esses pressupostos para compreender as mudanças no processo de desenvolvimento. Afirmam que conceituar estágios é uma forma simplista de abranger o ciclo vital, que não nos permite arranhar diferentes transições e processos, pois o estudo do desenvolvimento se centra na mudança, que se dá pela interação sistêmica de diferentes fontes, e não simplesmente pela passagem do tempo. Pode ocorrer uma reorganização do sistema que implica uma transformação maior, ou uma estagnação que o mantém mais ou menos em equilíbrio. Somente a primeira opção é considerada o que é por eles denominado "desenvolvimento".

Assim, mais do que o passar do tempo, os processos de mudança agem de acordo com todos os outros elementos do sistema mais amplo e explicam o desenvolvimento humano. Desenvolvemo-nos no encontro e na lida com uma miríade de desafios no dia a dia, e não por nos movermos através de estágios determinados. As mudanças macrossistêmicas se refletem nos microssistemas culturais, e variáveis como gênero, classe e raça combinam-se com diferentes políticas de bem-estar e sistemas de crença para criar uma enorme heterogeneidade nas transições da vida. Algumas crianças são obrigadas a encurtar ou prolongar as transições em função de condições sociais, enquanto outras têm maiores oportunidades de escolha.

Apesar de concordarmos com a descrição que Kloep e Hendry (2011) oferecem sobre os processos de mudança, acreditamos na importância de associar a essa forma de pensar a ideia do ciclo vital das famílias. McGoldrick e Shibusawa (2016) afirmam que, ao contrário das teorias tradicionais sobre o desenvolvimento, a concepção de ciclo vital da família descola-se das noções de normalidade, idade e estrutura familiar tradicional e centra-se na expansão, redução e realinhamento do sistema de relações.

Seja no eixo vertical, intergeracional, no qual são transmitidos padrões de relacionamento e funcionamento familiar, seja no eixo horizontal, que aborda a família enfrentando mudanças e transições, os acontecimentos normativos, assim como aqueles imprevisíveis se abrem para leituras que abrangem os múltiplos fatores que permeiam o tecido social e afetam as famílias, como gênero, geração, classe social, cultura, raça, orientação sexual, espiritualidade. Dessa forma, expressamos emoções, estruturamos nossas crenças e valores, construímos relacionamentos a partir de significados que, constituídos em meio a esses fatores, são por nós recebidos, pessoalmente cunhados e negociados na intersubjetividade. Não há, portanto, um único jeito "certo" de ser, mas possibilidades de construí-lo nas interações interpessoais, que se desenrolam em determinados contextos e tempos.

## DEIXAR A CRIANÇA SER, EIS A QUESTÃO

Abordar a compreensão infantil sobre a morte nos levou a questionar as nossas concepções sobre a infância e as crianças. Observamos a estreiteza do olhar adulto sobre o que se imagina ser uma criança ideal e a força das teorias para manter estereótipos.

Assim como nos foi possível chegar a um acordo sobre os estágios, cabe refletirmos sobre como lidamos com teorias. Colocamos em xeque sua utilização enquanto receptáculos prontos para conter a experiência infantil e estabelecer caminhos através da vida. No entanto, teorias não são talhadas em pedra, mas oferecem cenários passíveis de ser modificados, para que possamos compreender processos e dar sentido àquilo que enxergamos. Teorias também guiam pesquisas, permitem construir políticas públicas e promover o bem-estar, assim como o desenvolvimento de intervenções efetivas. Portanto, para compreender os processos de desenvolvimento na sociedade contemporânea, necessitamos modelos suficientemente sofisticados para abranger as forças interativas do desenvolvimento em múltiplos níveis. Acreditamos que as abordagens sistêmicas vêm atendendo a esses quesitos.

Para além de teorias e estágios, cabe agora refletirmos sobre o nosso papel nesse enredo. Acreditamos que a resposta deva ser buscada em nós, em nossos encontros com as crianças concebidos para promover espaços que lhes permitam trazer à tona suas experiências. Cabe assim aos profissionais (e não profissionais) deixar de lado ideias preconcebidas sobre a infância e oferecer às crianças a liberdade de se expressar, para que busquemos compreender mesmo o que soe estranho. Como destaca Andersen (2022), ao mesmo tempo que as palavras nos informam, elas formam, pois remetem a significados que apontam o estar no mundo. Portanto, as formas de expressão e as palavras não são inocentes e nos fazem encontrar o pensamento. Temos então uma inversão nessa busca incansável de mais de 50 anos para captar o pensamento infantil, pois o que captamos são os significados que as crianças atribuem à morte e que se expressam em regularidades, assim como em originalidade.

Por último, mas não menos importante, cabe questionar qual seria o significado verdadeiro em uma conversação, provocação colocada por Kvale e Brinkmann (2009), que ponderam sobre quem tem o poder de determinar essa verdade. Os autores afirmam que o significado só pode se constituir de forma relacional, em um jogo de poder móvel e reversível. Não atendida essa condição, corremos o risco de assumir o papel de "grandes intérpretes". Expropriar os significados do mundo vivido pelas crianças, reificá-los em termos de nossos esquemas teóricos e oferecê-los como expressão da realidade pouca diferença faria na abordagem do desenvolvimento infantil — que, ao menos no que tange à compreensão do conceito de morte pelas crianças, nos oferece muito do mesmo. Somos então convocados a respeitar o estranho, o diferente, de forma a permitir que o processo interpretativo sobre as concepções infantis relativas à morte possa abrir mundos possíveis. Isso, além de significar uma intervenção potencial, pode oferecer perspectivas éticas para nossos fazeres e saberes.

REFERÊNCIAS

AHMADI, F. et al. "Perceptions of death among children in Sweden". *International Journal of Children's Spirituality*, v. 24, n. 4, p. 415-33, 2019.

ANDERSEN, T. "A linguagem não é inocente". *Nova Perspectiva Sistêmica*, v. 31, n. 73, p. 6-11, 2022.

BEAUMONT, C. "Le deuil chez l'enfant: mieux le comprendre pour mieux l'accompagner". *Psychologie*, v. 23, p. 23-6, 2002.

BIANCHI, D. P. B. et al. "Possibilidades da clínica gestáltica no atendimento de crianças enlutadas". *Estudos e Pesquisas em Psicologia*, v. 19, n. 4, p. 1018-35, 2019.

BOWLBY, J. "Grief and mourning in infancy and early childhood". *The psychoanalytic study of the child*, v. 15, n. 1, p. 9-52, 1960.

BRAGA, L. A.; ZAMBONI, J.; RODRIGUES, A. "Em um mundo para gente grande, o que podem os corpos pequenos?" *Childhood & Philosophy*, v. 15, p. 1-21, 2019.

CABRAL, F. M.; DIAS, A. A. "A criança nas i/ma(r)gens de infância: da (in)visibilidade ao protagonismo social". *Revista Teias*, v. 20, n. 56, p. 436-62, 2019.

CAREY, S. *Conceptual change in childhood*. Denver: Bradford Books, 1987.

CORR, C. A. "Children's understandings of death". In: DOKA, K. J. (org.). *Children mourning, mourning children*. Nova York: Taylor & Francis, 1995. p. 3-16.

DOKA, K. J. "Preface". In: DOKA, K. J. (org.). *Children mourning, mourning children*. Nova York: Taylor & Francis, 1995. p. xi-xiii.

HUMBERT, N. "Spécificité des soins palliatifs pédiatriques: l'enfant n'est pas un adulte en miniature". *Infokara*, v. 18, n. 2, p. 43-6, 2003.

KLOEP, M.; HENDRY, L. B. "Arguments for a process". In: ARNETT, J. J. et al. (orgs.). *Debating emerging adulthood*. Nova York: Oxford University Press, 2011. p. 53-75.

KVALE, S.; BRINKMANN, S. *Interviews — Learning the craft of qualitative research interviewing*. 2. ed. Thousand Oaks: Sage, 2009.

LIMA, V. R.; KOVÁCS, M. J. "Morte na família: um estudo exploratório acerca da comunicação à criança". *Psicologia: Ciência e Profissão*, v. 31, p. 390-405, 2011.

LONGBOTTOM, S.; SLAUGHTER, V. "Sources of children's knowledge about death and dying". *Philosophical Transactions of the Royal Society B: Biological Sciences*, v. 373, n. 1754, p. 1-17, 2018.

MACEDO, R. M. S.; RANGEL, M. F. P. "A nova geração à vista: um olhar sobre as crianças Alpha". In: MACEDO, R. M. S. de; KUBLIKOWSKI, I. (org.). *Família e comunidade — Interfaces da psicologia clínica*. Curitiba: CRV, 2022. p. 233-50.

MCGOLDRICK, M.; SHIBUSAWA, T. "O ciclo vital familiar". In: WALSH, F. *Processos normativos da família — Diversidade e complexidade*. 4. ed. Porto Alegre: Artmed, 2016. p. 375-98.

MENENDEZ, D.; HERNANDEZ, I. G.; ROSENGREN, K. S. "Children's emerging understanding of death". *Child Development Perspectives*, v. 14, n. 1, p. 55-60, 2020.

MORIN, E. *O método 1 — A natureza da natureza*. Lisboa: Europa-América, 1977.

NEIMEYER, R. A.; PRIGERSON, H. G.; DAVIES, B. "Mourning and meaning". *American Behavioral Scientist*, v. 46, n. 2, p. 235-51, 2002.

PIAGET, J. *A construção do real na infância*. Rio de Janeiro: Zahar, 1975.

SHAPIRO, E. R. "Grief in interpersonal perspective — Theories and their implications". In: STROEBE, M. S. et al. (orgs.). *Handbook of bereavement research — Consequences, coping, and care*. Nova York: American Psychological Association, 2001. p. 301-27.

SILVA, A. L. "Para repensar o modelo adultocentrado de nossas relações junto às crianças". *Revista Fragmentos de Cultura: Revista Interdisciplinar de Ciências Humanas*, v. 26, n. 3, p. 455-65, 2016.

SILVA, F. M. et al. "Compreensão emocional da morte pelas crianças em idade pré-escolar: uma dimensão esquecida". *Acta Médica Portuguesa*, v. 33, n. 10, p. 649-56, 2020.

SLAUGHTER, V. "Young children's understanding of death". *Australian Psychologist*, v. 40, n. 3, p. 179-86, 2005.

WALSH, F. *Strengthening family resilience*. 2. ed. Nova York: Guilford, 2006.

WALSH, F.; MCGOLDRICK, M. "Bereavement: a family life cycle perspective". *Family Science*, v. 4, n. 1, p. 20-7, 2013.

# PENSANDO A IMPORTÂNCIA DOS RITUAIS DE DESPEDIDA

CAROLINA FREIRE GERON

## INTRODUÇÃO

Não é difícil perceber que, na sociedade ocidental, a morte é um assunto evitado pela grande maioria das pessoas. Para as rodas de conversa entre amigos, a morte provavelmente não é convidada. É possível que, mesmo em um enterro, onde a morte é a anfitriã, as pessoas não aproveitem o momento para falar sobre ela, sobre a finitude da vida ou sobre o que querem que seja feito com seu corpo quando estiverem doentes ou mortos. Nada disso entra em pauta. A conversa, muitas vezes, gira em torno do clima do dia, do pouco/muito choro dos parentes ou de como está demorando para que todo aquele ritual termine. Se algumas vezes "corremos contra o relógio", como diz a expressão popular, na maior parte do tempo estamos em uma corrida contra a morte.

Não conheço você, leitor(a), mas fico imaginando os motivos que o fazem ler um livro sobre luto. Talvez seja para estudos, talvez você tenha vivido uma perda significativa e esteja buscando respostas na teoria, talvez sejam os dois motivos ou muitos outros. Penso que em algum momento da vida você, possivelmente, já precisou participar de um ritual de despedida. Sinto muito por isso. Mas espero que você tenha encontrado alguma forma de apoio e acolhimento para seu sofrimento, seja em forma de abraços ou homenagens prestadas.

Aqui, vamos juntos percorrer esse assunto. Com o apoio de alguns importantes autores que escrevem sobre o luto e a Gestalt-terapia, proponho reflexões acerca da mudança na nossa forma de nos relacionar com a morte, dos rituais de despedida mais comuns na nossa sociedade e da maneira como poder vivê-los ou não influencia o processo de luto.

## OS RITUAIS DE DESPEDIDA PELO OLHAR DA GESTALT-TERAPIA

Na nossa sociedade, a vida de uma pessoa é permeada por acontecimentos culturalmente significativos, que funcionam como marco temporal, de abertura e fechamento de ciclos ao longo da vida. Conhecemos esses acontecimentos pelo nome de rituais, realizados antes mesmo de um indivíduo nascer até posteriormente à sua morte.

O já conhecido chá de bebê e o novo chá de revelação do sexo são formas que mães e pais encontram de compartilhar com pessoas próximas esse momento que estão vivendo e, através disso, receber carinho — e presentes — que ajudam a construir a história afetiva do novo membro da família. As cerimônias de formatura são marcos sociais da evolução nos estudos que uma pessoa faz ao longo da vida, denotam crescimento e aprendizado, são muito celebradas e motivo de orgulho para os familiares. O casamento é, para um casal, um momento de grande importância, quando passam a partilhar uma vida juntos e, por isso, existem muitos rituais para marcar esse período (chá de panela, despedida de solteiro(a), cerimônia religiosa, festa), tamanha a complexidade desse novo passo que duas pessoas escolhem dar juntas.

Com a morte não seria diferente. Velório, enterro/cremação e as cerimônias religiosas que os sucedem não existem à toa, são rituais que possuem funções importantes durante a vivência da perda de uma pessoa querida — tópico que vou trazer com mais detalhes adiante. Maria Helena Pereira

Franco (2021, p. 102), citando Bowlby e Imber-Black, explica que os rituais de despedida

> são constituídos de símbolos, metáforas e ações. Servem a muitas funções: expressam valores da cultura; marcam a perda de um membro daquela comunidade ou família; afirmam a vida vivida; facilitam a expressão do pesar em formas coerentes com os valores daquela cultura; falam simbolicamente dos significados da morte; indicam uma direção para construir o significado de uma perda. Ao mesmo tempo, mostram aos vivos que há uma continuidade no viver. [...] Essas funções se aplicam a todas as culturas, desde que respeitados os valores e significados de cada uma. No entanto, elas se perdem se forem desprovidas de significado particular, específico à pessoa falecida ou à sua comunidade. Se não houver essa caracterização individualizada, o ritual será apenas o cumprimento de uma tarefa, perdendo até mesmo suas propriedades restauradoras.

Esse trecho cita algo importante, que merece um pouco mais da nossa atenção: os rituais têm sentido e ganham significado quando vistos dentro do contexto de cada cultura. Se analisarmos os rituais de despedida ao redor do mundo separados dos costumes dos povos que os praticam, pode parecer muito estranho a nós — que, em geral, vivemos esse momento com grande pesar, trajando roupas pretas e de maneira nada festiva — pensar que algumas pessoas vivenciam esse período com celebrações que incluem músicas e danças animadas (como no vídeo dos carregadores de caixão de Gana,[1] que foi amplamente divulgado nos últimos anos). Ou pensar na celebração mexicana do *Día de Los Muertos* (Dia dos Mortos), vivido como

---

[1]. O vídeo pode ser visualizado em: https://www.youtube.com/watch?v=Lj_EoGaAS9Q. Acesso em: 2 fev. 2023.

uma festa com música, comidas e decorações coloridas para homenagear os mortos.

Assim como a cultura, a religião também é um fator relevante na ritualização dos momentos de despedida. Ao se ver emocionalmente abalado pela perda de uma pessoa querida, sem saber bem o que fazer dali para a frente, pode ser necessário ao enlutado contar com algo que funcione como um orientador, que traga algum senso de conhecimento e pertencimento diante de uma mudança tão intensa que é se ver sem a pessoa amada. Sobre isso, Franco (2021) cita a previsibilidade dos rituais religiosos como um recurso importante para os enlutados nesse momento.

Não podemos esquecer de mencionar a mudança que os rituais de despedida sofreram ao longo dos anos. Aliás, não só os rituais, mas o olhar do homem para a morte como um todo passou por expressiva transformação ao longo dos séculos, e quem nos apresenta essa linha do tempo é o historiador francês Philippe Ariès (2012). Se você estuda a tanatologia, é possível que já tenha deparado, em outras leituras, com o apanhado temporal que ele faz, mas penso ser importante trazer aqui um breve resumo para aqueles que ainda não conhecem essa parte da nossa história.

Em seu livro *História da morte no Ocidente*, Ariès (2012) nos convida a perceber como, desde a Idade Média, a relação do homem com a morte foi se modificando, passando de um acontecimento natural, visto como consequência da vida, para um fato de grande pesar e intensa comoção, sobre o qual não se fala abertamente. Com o desenvolvimento da tecnologia e o avanço de estudos na área da medicina, novas técnicas e medicamentos são buscados a fim de prolongar a vida. De um extremo ao outro, a morte passou de uma fase comum da existência humana para um assunto tabu, extremamente difícil de ser abordado.

Tomando por base os estudos de Ariès (2012), observa-se que nesse período era comum o moribundo esperar que o seu momento de morrer estivesse próximo e, com isso, ele começava a tomar as suas últimas providências em vida, como participar dos arranjos do próprio funeral. A esse respeito, o autor citado afirma:

> Paremos por aqui e tiremos algumas conclusões gerais. A primeira já foi suficientemente destacada: a morte é esperada no leito, "jazendo no leito, enfermo". A segunda é que a morte é uma cerimônia pública e organizada. Organizada pelo próprio moribundo, que a preside e conhece seu protocolo. Se viesse a esquecer ou a blefar, caberia aos assistentes, ao médico, ou ao padre trazê-lo de volta a uma ordem, ao mesmo tempo cristã e tradicional. (p. 39)

Nesse momento da história, o funeral era um acontecimento público, do qual qualquer pessoa da comunidade poderia participar, independentemente de ser próxima ou não do falecido e de sua família. Até mesmo as crianças podiam participar desse momento, fazendo que desde a mais tenra idade os indivíduos presenciassem cerimônias que envolviam a morte. Além disso, os funerais eram realizados dentro do quarto do próprio falecido, o que demonstra que, mesmo o moribundo estando em seu leito de morte, a família estimava estar próxima dele, no local onde ele morara toda ou parte de sua vida. Assim,

> tratava-se também de uma cerimônia pública. O quarto do moribundo transformava-se, então, em lugar público, onde se entrava livremente. Os médicos do fim do século XVIII, que descobriram as primeiras regras de higiene, queixavam-se do excesso de pessoas no quarto dos agonizantes. Ainda no começo do século XIX, os passantes que encontravam na rua o pequeno cortejo do padre

levando o viático acompanhavam-no, entrando, em seguida, no quarto do doente. Era importante que os parentes, amigos e vizinhos estivessem presentes. Levavam-se as crianças — não há representação de um quarto de moribundo até o século XVIII sem algumas crianças. (Ariès, 2012, p. 39)

A pouca preocupação com questões de higiene e transmissão de doenças indica que nessa época ainda não se buscava o hospital como local destinado aos doentes e fonte de uma possível cura. Desse modo, mortos e vivos habitavam os mesmos espaços. O interior das igrejas e seu terreno externo eram os locais onde se abrigavam os corpos daqueles que morriam (Ariès, 2012; Combinato e Queiroz, 2006). Ao narrarem tal questão, Combinato e Queiroz (2006, p. 210), apontam um fato que favoreceu o surgimento dos cemitérios como local apropriado para abrigar os mortos: "A revolução higienista radicalizou a separação entre vivos e mortos de tal modo que o convívio entre estas duas condições passou a ser visto como uma fonte extremamente importante de perigo, contaminação e doença".

Hoje, o ritual funerário apresenta importantes diferenças quanto ao que era feito séculos atrás. De uma cerimônia pública, passou-se para um evento privado, em que apenas a família e os amigos íntimos do falecido costumam estar presentes. A presença de crianças é bastante rara, pois os adultos pretendem preservá-las de uma ocasião tão triste, sendo inclusive um grande desafio para os mais velhos saber como contar ao público infantil sobre a perda de uma pessoa querida. Para tanto, apropriam-se de diversas analogias e tornam esse momento o mais breve possível.

Em um mundo sujeito à mudança, a atitude tradicional diante da morte aparece como uma massa de inércia e continuidade. A

> antiga atitude segundo a qual a morte é ao mesmo tempo familiar e próxima, por um lado, e atenuada e indiferente, por outro, opõe-se acentuadamente à nossa, segundo a qual a morte amedronta a ponto de não mais ousarmos dizer seu nome. (Ariès, 2012, p. 40)

Ao pensar nas atitudes do homem contemporâneo perante a morte e seus rituais, notamos diversas mudanças em relação ao que acontecia séculos atrás. Se antes aquele que estava morrendo planejava o seu funeral que, em geral acontecia dentro da sua casa e com seu corpo sendo cuidado por pessoas próximas, hoje, pensando na realidade vivida nos centros urbanos, esse cuidado com o corpo e o local onde ele é velado foi, de certa forma, terceirizado. São os funcionários do hospital ou da funerária que costumam prestar os últimos cuidados ao corpo e as capelas presentes nos cemitérios passaram a ser o local escolhido para o velório.

Se você está na faixa dos 20 ou 30 anos, pode perguntar aos seus pais e avós quanto tempo durava o velório antigamente. É muito provável que eles lhe digam que, com bastante frequência, esse ritual durava a noite inteira, que familiares e amigos ficavam madrugada adentro se despedindo daquele que amavam. Atualmente, o velório não dura mais que algumas poucas horas. É interessante que, ainda que hoje haja maiores recursos para a manutenção de um corpo sem vida, exista mais rapidez ao enterrá-lo ou cremá-lo. Vale pensar se se trata apenas de uma questão sanitária ou se é o reflexo da nossa dificuldade de ficar frente a frente com a finitude da vida.

Retomo agora o que citei no início deste texto sobre os rituais de despedida funcionarem como recursos importantes após a perda de uma pessoa querida. Maria Júlia Kovács (2021, p. 49) nos ajuda a refletir a respeito desse assunto quando diz que "significados para a continuação da vida sem a pessoa querida são construídos nos rituais [...]. Os rituais ajudam a homenagear o morto e têm como base a tradição, a cultura e as memórias da família".

Assim, para além de ser um espaço de despedida, o momento de velar e enterrar/cremar um ente querido também exerce uma função emocional de troca afetiva, visto que a pessoa enlutada pode receber abraços, palavras de conforto e olhares carinhosos nessa ocasião, bem como ser acolhida nas suas expressões emocionais através do choro, por exemplo, sem críticas nem julgamentos, pois esse é o momento esperado para isso acontecer.

E quem nunca ouviu frases como: "Nossa, como estava cheio o velório, ele(a) era mesmo uma pessoa muito boa e amada"? Isso revela mais um fato sobre os rituais: o de que é comum também medirmos quanto a pessoa que morreu era amada pela quantidade de indivíduos que comparecem a esses eventos, algo que pode trazer certo conforto para a família. Além disso, faz parte desse momento falar sobre a pessoa morta, contar histórias e fazer homenagens — coisas que, após certo tempo da perda, as pessoas ao redor dos enlutados em geral não estão disponíveis para fazer. São comuns falas como: "Mas você ainda está assim?", "Para de pensar nisso, faz outra coisa para se distrair", entre tantas outras. Cabe então entender que os fatores sociais e emocionais que envolvem os rituais de despedida são importantes facilitadores no processo de vivenciar o luto.

Nos anos de 2020 e 2021 vivemos os momentos mais intensos da pandemia ocasionada pelo vírus da covid-19, quando centenas de milhares de pessoas morreram em decorrência da doença em nosso país. Isso fez que fôssemos atravessados pela temática da morte mesmo sem perder nenhuma pessoa próxima. Acompanhávamos diariamente o número de mortes por meio do noticiário, fomos expostos a cenas marcantes de cemitérios com diversas covas abertas e vivenciamos, de fato, o luto pela morte de familiares, amigos ou celebridades que admirávamos.

Por ser um vírus novo, com grande poder de contágio e para o qual não tínhamos vacinas e remédios eficazes para o seu combate, a medida de proteção utilizada, além do uso de máscaras e álcool em gel, foi o isolamento social. Precisávamos nos manter afastados uns dos outros para evitar a disseminação da doença, o que ocasionou reflexo direto nos rituais de despedida. Durante bastante tempo, nesses dois anos, o velório não podia ter mais que três ou cinco pessoas; os enlutados não podiam receber visitas em casa ou abraços reconfortantes; toda a cerimônia passou a ser feita de forma ainda mais rápida, encurtando o tempo da despedida. E, se pensarmos nas mortes geradas pelo vírus, o caixão precisava ser fechado e ninguém estava autorizado a tocar no corpo morto.

Isso tudo é muito diferente do que estamos acostumados a praticar na nossa sociedade. Não é difícil imaginar o impacto que essa mudança repentina e abrupta na vivência dos rituais de despedida provocou no processo de luto. Novamente utilizo as palavras de Kovács (2021, p. 48) citando Crepaldi et al:

> Os rituais de velório e enterro, importantes espaços de compartilhamento da dor e sofrimento pelo encontro presencial, e que se tornam base de significação para parentes e amigos, permanecem impedidos pelo risco de contágio. Os enlutados afirmaram que não puderam ver o corpo pela última vez, realizar as despedidas e cerimônias de corpo presente e sentiam que não tinham feito o que o falecido merecia. Essa situação ficou ainda mais aguda no começo da pandemia, com o número imenso de mortes no mesmo dia, com a sobrecarga dos serviços funerários, reduzindo ainda mais a possibilidade de participação conjunta dos familiares. Os caixões

lacrados e as valas comuns sem a localização da cova do parente morto foram apontados como elementos que aumentaram a dor. Esses aspectos em conjunto trazem o risco de luto complicado.

Nesse período de pandemia, para dar conta da nossa necessidade emocional e social de ritualizar as despedidas, movimentos virtuais foram criados para homenagear o morto e prestar solidariedade às famílias. Alguns velórios foram transmitidos de forma *on-line*, funerárias ofereciam a opção de escrever mensagens eletrônicas que seriam enviadas para os familiares e chamadas de vídeo foram feitas para aproximar as pessoas. Esses movimentos não reproduzem com exatidão os encontros presenciais, mas se mostraram importantes para a construção de significado e elaboração do luto.

Quando pensamos no tema da morte, os rituais de despedida funcionam como um momento de fechamento de ciclo — de quem se era e da vida que se tinha anteriormente com a presença física da pessoa que morreu, dos planos que haviam sido feitos com o que era conhecido até então — e de abertura de novos ciclos — para a reorganização de si e da vida que se faz necessária após a perda de alguém significativo. O velório, o enterro/a cremação, as cerimônias religiosas e as homenagens póstumas são marcos que têm o potencial de facilitar essa transição.

Nesse ponto, me apoio no olhar da Gestalt-terapia, com seu conceito de *Gestalten* completas ou incompletas para nos ajudar a pensar sobre quão organizadoras podem ser as situações que contam com a possibilidade de um fechamento. Zinker (2001, p. 52) nos traz dizeres bastante ricos sobre isso:

> A formação e a destruição de *gestalten* é um processo estético e não simplesmente utilitário. Isso acontece com o indivíduo e também

com sistemas multipessoais. Quando um casal ou família são bem-sucedidos na luta com um dilema, a experiência é sentida como inteira, completa, correta, boa e bela. *Gestalten* completas — experiências totalmente maduras das quais nos tornamos conscientes, experienciamos, assimilamos e finalmente deixamos ir — são graciosas, fluidas, esteticamente agradáveis e afirmam nosso próprio valor como seres humanos. Elas têm "boa forma". *Gestalten* incompletas, problemas não resolvidos que atormentam repetidamente um casal ou uma família, trazem uma sensação de tristeza, de feiura e de frustração. São esteticamente desagradáveis.

Além da sua relevância social e emocional, os rituais de despedida nos ajudam a concretizar a morte de uma pessoa, a ver que, infelizmente, tudo aquilo que pode parecer um pesadelo é real. Se, com as mudanças impostas pela pandemia, os autores nos dizem que podem existir consequências emocionais na vivência do luto — o que, como psicóloga que atua no atendimento clínico a pessoas em luto, percebo na prática —, a impossibilidade de viver esses rituais pode ser um fator complicador para o processo de luto, como no caso de pessoas desaparecidas, por exemplo.

No livro escrito pela jornalista Daniela Arbex (2022) sobre o desastre do rompimento de barragem em Brumadinho, ocorrido em janeiro de 2019, no estado de Minas Gerais, que deixou 272 pessoas mortas — levando em conta duas mulheres que estavam grávidas —, há relatos nos quais os bombeiros responsáveis pelas buscas das pessoas desaparecidas e os profissionais do Instituto Médico Legal reconhecem a importância de que essas vítimas fossem encontradas e identificadas para que as famílias pudessem dar aos seus familiares rituais de despedida dignos de quem eles foram em vida. Falando sobre um dos muitos bombeiros envolvidos nesse chamado, ela diz: "[...] o militar acreditava que resgatar os mortos era uma maneira de consolar os vivos" (Arbex, 2022, p. 214). Mais à frente, a autora apresenta o relato da família de uma das vítimas: "Católicos, os pais do engenheiro sentiram uma certa sensação de alívio. Acreditavam que o espírito do filho já tinha sido acolhido, mas era preciso enterrá-lo para dar sequência ao ciclo do luto" (p. 218). Como é forte esse trecho do livro e a ideia que ele nos traz de que, sem poder enterrar o corpo do filho, essa família sentiria não ser possível viver o curso natural e esperado do luto.

Ao analisar os estudos de Zeigarnik, que avaliou as diferenças emocionais experimentadas por dois grupos distintos que recebiam a mesma tarefa, mas um dos grupos conseguia concluir a demanda e o outro precisava interrompê-la ao meio, Rodrigues (2013) aponta que o primeiro grupo, que terminava a tarefa, conseguia seguir em frente e pensar nos próximos desafios. Mas o grupo que precisava interromper a tarefa vivia um sentimento de incompletude perante o que poderia ter sido feito e não foi. Assim, ele diz que "a Gestalt-terapia também considera até que ponto uma situação incompleta provoca uma tensão interna que, eventualmente, pode contribuir para um comportamento neurótico recorrente que busca o fechamento de tal situação" (p. 126).

Existem pessoas, porém, que acabam optando por não ir aos rituais de despedida tradicionais por entenderem que seria muito doloroso para elas vivenciar esse momento ou porque desejam guardar na memória a imagem da pessoa amada viva e saudável, e não a visão marcante que se tem ao olhar o caixão. Essa é uma escolha importante que deve ser respeitada. Seja por decisão própria ou por ser impedido de viver o ritual da forma como a nossa cultura o celebra, como é o caso dos exemplos usados neste texto — do período pandêmico, das pessoas desaparecidas ou de corpos que, pelo tipo de morte, não puderam ser encontrados —, simbolizar a despedida pode ser importante, pois "ações ou situações incompletas são fortemente registradas e carregadas de tensão, e assim que houver uma oportunidade o indivíduo buscará aliviá-la. [...] As situações inacabadas (ou *Gestalten* abertas) serão mais facilmente lembradas do que as acabadas (*Gestalten* fechadas)" (Frazão, 2013, p. 106).

Quando pensamos em pessoas precisamos lembrar da sua singularidade, característica fundamental no processo de luto. Os indivíduos não se enlutam da mesma forma nem têm necessidades iguais durante a vivência desse momento. Porém, como vimos, os rituais de despedida têm uma importância social, emocional e religiosa na nossa sociedade e a não vivência deles, seja por escolha ou impedimento, pode ser um fator complicador para o processo de luto ao manter em aberto uma situação extremamente dolorosa. Por isso, o atendimento psicoterapêutico é um local seguro para que despedidas simbólicas sejam ritualizadas para aqueles que precisarem.

Nesse sentido, um dos alicerces da Gestalt-terapia é o experimento, que permite ao cliente viver de forma (cri)ativa questões emocionais difíceis de ser traduzidas pela fala. Para Zinker (2007, p. 141-2),

> O experimento é a pedra angular do aprendizado experiencial. Ele transforma o falar em fazer, as recordações estéreis e as teorizações em estar plenamente presente aqui, com a totalidade da imaginação, da energia e da excitação. Por exemplo, ao reviver em ato uma antiga situação inacabada, o cliente é capaz de compreendê-la com mais riqueza e completar essa vivência com os recursos de sua nova sabedoria e entendimento de vida.

Ao propor um experimento dentro dessa temática, precisamos levar em consideração a experiência de vida do nosso cliente, a relação que ele tinha com a pessoa que morreu, o repertório de recursos suportivos que ele apresenta ao longo da vida e sua possibilidade cognitivo-emocional no momento presente, entre outros elementos que possam tornar o experimento não apenas uma atividade a ser cumprida, mas um momento para experimentar algo que faça sentido dentro da história de vida dessa pessoa e que lhe permita atribuir um significado para a situação vivida.

> A técnica ou experimento sempre deve estar a serviço do processo terapêutico do cliente, isto é, promovendo *awareness*, contato e fluidez na formação de *Gestalten*. Uma vez ativados esses elementos, os ajustamentos criativos são inevitáveis, pois a todo contato realizado a configuração muda e terapeuta e cliente já não são os mesmos. (Figueroa, 2015, p. 106)

Ao pensarmos nos rituais de despedida, podem ser utilizados alguns experimentos já conhecidos. Os trabalhos menos estruturados, com a possibilidade de usar a criatividade de maneira mais espontânea, como a caixa de areia — com seus bonecos e elementos que permitem criar/recriar cenas — e a arteterapia — com o uso de papéis, tintas, lápis coloridos e tantos outros materiais que permitem a expressão de sentimentos e vivências através dos recursos artísticos podem ser propostas importantes para ritualizar simbolicamente as despedidas.

Viver uma perda significativa pela morte de uma pessoa querida não é uma experiência simples. Esse é um acontecimento que pode nos desorganizar e nos fazer questionar tudo aquilo que tínhamos como certezas. Por isso, viver os rituais de despedida de forma significativa, guardando o que é importante para si e para a relação que era estabelecida com aquele que morreu pode auxiliar nas vivências posteriores à morte e promover alguma sensação de conforto à pessoa em luto.

## CONSIDERAÇÕES FINAIS

Ainda que a despedida seja um momento difícil e o ato de enterrar/cremar uma pessoa amada traga a dureza da realidade da morte e o seu caráter de irreversibilidade, são momentos que, dentro do contexto geral da perda, podem trazer conforto e acolhimento para as pessoas em luto, bem como facilitar sua vivência desse processo.

O atendimento clínico a enlutados configura uma clínica da delicadeza, da sensibilidade, mas também da teoria e da técnica. Um trabalho pautado nesses alicerces compreende que a vivência do luto e do pesar é única para cada um. Por isso, não existem fases ou padrões a serem seguidos, mas a combinação de um olhar atento às necessidades do nosso cliente com recursos teóricos que nos capacitam para esse cuidado. Pensando nisso, autores como Neimeyer, Worden, Parkes, Stroebe e Schut, Maria Júlia Kóvacs e Maria Helena Pereira Franco desenvolveram estudos belíssimos sobre a morte, o processo de luto e o atendimento a pessoas enlutadas. Tais estudos nos dão um direcionamento para atuar nesses casos.

Quando pensamos na temática da morte, é sempre válido ressaltar que não existe certo e errado, que não há uma maneira única de viver esse período. Cada pessoa tem a sua história e a sua relação com aquele que morreu, e é para esse contexto, que é único para cada caso, que devemos voltar o nosso olhar quando cuidamos de alguém que está vivendo o luto.

REFERÊNCIAS

ARBEX, D. *Arrastados — Os bastidores do rompimento da barragem de Brumadinho, o maior desastre humanitário do Brasil*. Rio de Janeiro: Intrínseca, 2022.

ARIÈS, P. *História da morte no Ocidente — Da Idade Média aos nossos dias*. Rio de Janeiro: Nova Fronteira, 2012.

COMBINATO, D. S; QUEIROZ, M. de S. "Morte: uma visão psicossocial". *Estudos de Psicologia*, v. 11, n. 2, p. 209-16, 2006.

FIGUEROA, M. "As técnicas em Gestalt-terapia". In: FRAZÃO, L. M.; FUKUMITSU, K. O. (orgs.). *A clínica, a relação psicoterapêutica e o manejo em Gestalt-terapia*. São Paulo: Summus, 2015. (Coleção Gestalt-terapia: práticas e fundamentos, v. 3).

FRANCO, M. H. P. *O luto no século 21 — Uma compreensão abrangente do fenômeno*. São Paulo: Summus, 2021.

FRAZÃO, L. M. "Psicologia da Gestalt". In: FRAZÃO, L. M.; FUKUMITSU, K. O. (orgs.). *Gestalt-terapia — Fundamentos epistemológicos e influências filosóficas*. São Paulo: Summus, 2013. (Coleção Gestalt-terapia: fundamentos e práticas, v. 1).

KOVÁCS, M. J. "Educação para a morte — Desafios atuais". In: KREUZ, G.; NETTO, J. V. G. *Múltiplos olhares sobre a morte e o luto*. Curitiba: CRV, 2021.

RODRIGUES, H. E. "Relações entre a teoria de campo de Kurt Lewin e a Gestalt-terapia". In: FRAZÃO, L. M.; Fukumitsu, K. O. (orgs.). *Gestalt-terapia — Fundamentos epistemológicos e influências filosóficas*. São Paulo: Summus, 2013. (Coleção Gestalt-terapia: fundamentos e práticas, v. 1).

ZINKER, J. *A busca da elegância em Gestalt-terapia*. São Paulo: Summus, 2001.

_____. *Processo criativo em Gestalt-terapia*. São Paulo: Summus, 2007.

# 7
# O AMOR FRATERNAL — LUTO PELO ROMPIMENTO OU ARREFECIMENTO DE VÍNCULOS DE AMIZADE

ESTHER HWANG

## ALGUMAS REFLEXÕES INTRODUTÓRIAS SOBRE O AMOR — POR QUE CONSIDERAR O LUTO DA AMIZADE?

> O problema do amor faz parte dos grandes sofrimentos da humanidade, e ninguém deveria envergonhar-se do fato de ter de pagar seu tributo a ele.
>
> (JUNG, 2015, p. 18)

O amor romântico e, especialmente, as desilusões amorosas, as separações e o despedaçamento da alma com a partida do outro sempre estiveram no coração dos artistas e inspiraram pinturas, canções, indagações filosóficas, esculturas, poemas e obras audiovisuais. E a amizade? Em que medida a experiência de uma perda simbólica pode ser chamada de luto? Quais seriam os aspectos significativos envolvidos em uma perda pouco reconhecida em nossa sociedade? Que amor é esse que se atualiza como um laço para além da consanguinidade?

O presente capítulo visa analisar uma perda pouco validada devido ao seu caráter simbólico e por se tratar de uma relação não constituída a partir de elos familiares. Nessa direção, cabe lembrar que o processo de luto pode se dar por diversos tipos de perda, inclusive aquelas que vão além do aspecto físico, a saber, o rompimento de laços afetivos por separação ou distanciamento. Afinada com essa discussão, Casellato (2015) explica que situações que não envolvem necessariamente mortes concretas tendem a ser negadas por parte da sociedade, que as consideram insuficientemente significativas. São os chamados lutos não reconhecidos. Com efeito, o olhar portador de incompreensão projetado no enlutado tende a sufocar sentimentos, repreender o pesar, negar as emoções e, quando levado às últimas consequências, adia ou inibe o processo de luto por dificultar o desinvestimento da energia depositada na relação para se voltar à formação de novos vínculos.

Em termos de estudos sobre o luto, parece haver uma escassez de pesquisas que tematizem o arrefecimento da amizade em suas mais variadas tonalidades de afeto, sejam elas movidas por uma interação momentânea e uma convivência menos estreita, sejam marcadas pela proximidade intimista e pela abertura radical ao outro. O que está em questão não é a classificação dos níveis de amizade associada ao grau de dor que decorre do esfacelamento do vínculo, tampouco isso é possível. Importa considerar a expressão do amor, a experiência de perda, o exercício de entrega, a criação de terreno fecundo de onde nasce a alteridade e o cultivo de um lugar terno para as memórias que somente aquela relação pôde ofertar. Fato é que o luto por perdas concretas, simbólicas ou normativas, que advém das fases do desenvolvimento, quando vivenciado em companhia, ativa a possibilidade de atravessar o cenário das muitas mortes ao longo da existência. Mas e quando a sobrevivência da amizade está em jogo?

O ponto de partida deste capítulo é a experiência pessoal de contemplação da presença do amigo nos atravessamentos intrínsecos ao viver. A travessia muitas vezes é feita em companhia da própria sombra, pois não se pode fugir do silêncio, do recolhimento e dos ecos da solidão, mas encontrar o outro em um horizonte infinito, em paisagens temerosas e desconhecidas, dá contorno às experiências que vão se transformando de ameaçadoras em solidão estruturante. Dito de outro modo, posicionar-se no mundo exige assumir a postura de responder singularmente às situações e fazer escolhas. Ainda que o caminho traçado seja pessoal, haja vista a impossibilidade de terceirizar a existência, a paisagem desértica, árida ou repleta de neblina é passível de ser atravessada por estar acompanhada do amigo, cujo aparecimento acontece por meio da introjeção. Em outras palavras, a passagem é solitária, mas a amizade é como transportar fragmentos do outro incorporados dentro de si. Com efeito, a amizade portadora de antídoto para a solidão da alma nos salva dos abismos, mas pode também carregar o potencial de infligir feridas, ressentimentos e mágoas — e, consequentemente, a interrupção brusca do vínculo. O amor, segundo Parkes (2009), é a expressão mais profunda de satisfação, enquanto a perda — de todas as ordens — de pessoas amadas é a manifestação mais elevada de dor.

    Laços atam e desatam. Assim é a vida, em que tecemos possibilidades e caminhos para a recriação do eu e do mundo. O luto e a morte, por sua vez, ainda que experiências dolorosas, instalam um campo de pura potencialidade em que lapidamos o "eu", o que nos acontece, as formas de relação com o outro e os acontecimentos da vida. As configurações da amizade estão longe de ser eternas ou absolutas, pois a vida se apresenta como um fluir, um movimento processual: o tempo presente se esvai em um átimo de segundo, as relações sofrem desgastes, as estruturas cotidianas são reformuladas, as forças da vida exigem reestruturação — em função de casamento, nascimento de filhos, eventos familiares ou demandas de trabalho que vão aspirando mudanças necessárias e acabam por afetar os vínculos, trazendo à tona a raridade do encontro e a dificuldade de estar em contato com os amigos. Mas, independentemente do que aconteça, o afeto, que nesta discussão denomino amor fraternal — um laço para além da irmandade consanguínea — pode, de alguma maneira, resistir às intempéries. E essa imensurável riqueza ocasionada pelo laço e desenlace da amizade é o que pretendo abordar neste ensaio.

O esgarçamento ou afrouxamento do laço fraterno não é simplesmente uma espécie de perda pessoal instalada em um campo subjetivo, ou seja, não se resume ao "eu", mas diz respeito sobretudo às dinâmicas que envolvem um amor dual, dialógico, cuja perda remete à pessoa que está morta metaforicamente em nossa vida, porém viva fisicamente. Como lidar com essas mortes-em-vida? Ou melhor, com o que Kovács (2011) denominou "morte entre vivos"? Para responder a essa pergunta, percorro os processos de subjetivação atuantes nas formas de enlutamento e as mais variadas formas de como se pode dar o arrefecimento dos vínculos de amizade. Além disso, pretendo refletir sobre o balanço entre perdas e ganhos de configurações relacionais possivelmente transitórias. A transitoriedade a que me refiro não trata do afeto em si, pois o amor não se encerra necessariamente com a morte concreta ou metafórica, mas atribuo essa ideia aos antigos arranjos do vínculo que acabam cedendo espaço para novas dinâmicas. Ou seja, assim como não existem definições estanques, a relação idealizada, imaginada e antes vivida já não é mais possível de ser experienciada; portanto, a aceitação do fim de um ciclo e a abertura para recomeços exigirá adaptação à nova realidade e às atuais formas de amizade. Parkes (2009, p. 11), por sua vez, faz um elogio à finitude: "É a transitoriedade da vida que engrandece o amor".

Convido agora o leitor a recriar a experiência de amizade — de vida e morte — por meio da qual nasce a potência do vínculo, a fraternidade portadora de hospitalidade. A aproximação com a figura do amigo refaz a noção do "eu", cria nova consciência do entorno, lança-nos à percepção de que não estamos sozinhos e molda nossa identidade. A amizade nos sensibiliza para o aspecto humano em nós e aparece como necessária à vida, pois, da cegueira pessoal, de um certo narcisismo, passo a me enxergar no reflexo do olho daquele com quem estabeleço contato, elaborando a representação do eu através desse outro. Essa construção simbólica opera como um jogo de espelhos, daí a pergunta nascida desse encontro: quem sou eu no mundo e perante o outro?

De uma posição de generosidade, disponibilidade e doação de si no sentido moral para com o amigo, ao estabelecer o vínculo preservamos a nós mesmos. Afinal, as trocas e interações afetivas redimensionam a existência e o nosso lugar no mundo, pois "cuidar do outro é cuidar de mim" (Cabral, Lima e Wrubleski, 2017, p. 162). A respeito disso, Hycner (1995, p. 25) afirma que "a atitude com que me aproximo do outro é, também, a atitude com que me aproximo de mim mesmo. Se valorizo o outro, isso reflete minha própria autovalorização. Se transformo o outro em objeto, também serei um objeto". Para Carolina L. de Souza (2010), a amizade aparece intrinsecamente ligada a um registro ético por estabelecer um limite respeitoso às individualidades de cada um ao mesmo tempo que essa relação se mantém centrada em um universo íntimo entre duas pessoas.

Isso significa reconhecer e aceitar a pessoa como humana, ou melhor, semelhante a mim em sua humanidade, porém e, ao mesmo tempo, diferente devido à singularidade. Daí se desvelaria um olhar ético-político para a amizade: um amor livre, desinteressado, de entrega radical e desvinculado de expectativa, que guarda um afeto que dificilmente esvanece mesmo na ausência, na falta do amigo. Sair de si mesmo, desse isolamento tão cultivado pela cultura da vida privada e alcançar o outro requer uma ação mobilizadora, uma movimentação sensível de abertura em direção ao convívio social. Já não existe mais um "eu" ou o "outro", mas do encontro nasce o "nós". Há um certo apagamento do si mesmo para que o amigo possa adentrar o território pessoal. Nesse sentido, a amizade extrapola a divisão meticulosa de quem deveria dar mais ou menos, e dessa modulação fluida nasce uma amálgama sem contornos delimitados, a saber, o "entre" — formador do "nós".

A díade dar e receber envolve intersubjetividade. Não há traços de trocas no sentido mercadológico. A amizade aproxima-se do movimento pendular — ora somos potentes, ora faltantes — e, portanto, estaria orquestrada por uma sintonia harmoniosa livre de poder ou dívidas. Elevar a amizade apenas à condição de ser cuidado como alguém passivo que necessita de atenção ou, ainda, em outro extremo, atuar como cuidador de quem tão somente atende à demanda de outrem seria desprezar a alteridade. Na contramão disso estaria o crescimento mútuo e a reconstrução do vínculo horizontal, em que o receptor também ocupa a posição daquele que é potência, por isso capaz de oferecer algo de si para o outro. Desse modo, a amizade não estaria reduzida ao elo de depósito ou de doação com expectativas, mas seria sobretudo nutrida por um amor ético, vazio de si. Em consonância com essa reflexão, Laura Perls (1992) fala do exercício de dar para além do sacrifício: entrega espontânea e sem expectativas do doador. Ao recorrer à etimologia da palavra "presente", descrita em alemão como *Geschenk*, cujo significado remete ao verbo "derramar", Perls associa a entrega de um presente ao transbordamento abundante e sem esforço. Nesse ato, residiria a restauração da integridade tanto do doador como de quem recebe. Essa premissa postulada por Perls se alinharia, portanto, ao que aqui chamo de caráter ético-político da amizade.

## AS PERDAS SIMBÓLICAS E OS PROCESSOS DE SUBJETIVAÇÃO NA CONTEMPORANEIDADE

> Nesta noite, todos os infernos do luto imaturo abriram-se de novo; as palavras enlouquecidas, o amargo ressentimento, o frêmito no estômago, a irrealidade do pesadelo, o mergulho nas lágrimas. Pois no luto nada "fica no lugar". Prossegue-se emergindo de uma fase, mas ela sempre volta. Vai e volta. Tudo se repete. Estou andando em círculos, ou ouso esperar que esteja numa espiral?
>
> (LEWIS, 2007, p. 76)

> Também eu estive no mundo inferior, como Ulisses, e frequentemente para lá voltarei; e não somente carneiros sacrifiquei para poder falar com alguns mortos: para isso não poupei meu próprio sangue [...].
>
> (NIETZSCHE, 2012, p. 65)

O fio condutor para as discussões que abrem este capítulo é o aspecto simbólico da morte, representado na mitologia grega pelo mundo dos Ínferos, local propício que heróis e heroínas atravessavam para se transformar e que exigia renúncias e sacrifícios (Souza, A., 2018). Essa concepção, absorvida pela cultura judaico-cristã, foi tematizada pela crucificação e ressurreição de Cristo, que, na qualidade de símbolo, retrata o processo de purificação e renovação.

Pensar a morte para além de sua concretude consiste em desvelar o viver humano tecido no dinamismo do ciclo da natureza: vida - morte - nascimento. O que quero afirmar com isso é que não basta apenas existir. A vida é feita de travessias, e essa passagem acontece na permanência de um posicionamento que nos coloca face a face com as mortes-em-vida para finalmente renascer. Ou, conforme Ana Célia R. de Souza (2018, p. 206), "um processo reflexivo, com a revisão de valores e o renascimento (ou saída dos Ínferos), com novas escolhas para diferentes atitudes na ou com a vida". Resistir às mortes simbólicas é perambular, vagar pelo mundo sem encontrar a possibilidade de destinar um sentido ou lugar para o sofrimento. Hennezel e Leloup (2012), por sua vez, retomam a ideia de morte associada a um momento sagrado, não mais como sinônimo de fim da vida, e que implica aceitação e entrega à morte para estar vivo.

Penso ser fundamental discutir mais do que o aspecto instintivo, aquele que nos impele a buscar refúgio e proteção em determinados momentos e situações. Há, contudo, uma cultura em torno do distanciamento da morte, do combate à finitude e da tentativa de protelar conflitos. Assim, da característica instintiva de sobrevivência passamos a apresentar fobia a todas as formas de negatividade. O filósofo Byung-Chul Han (2022) é categórico ao afirmar que em sociedades contemporâneas a dor é interpretada como resultado de um fracasso pessoal. Ao tentar impedi-la, essa atitude também se traduz em um fechamento em si mesmo, ou seja, tamponar o desconhecido mina a ampla experiência humana que pode vir a ser a oportunidade para a expressão mais elevada de felicidade.

Na existência contemporânea, a vida passa aceleradamente; além disso, há a efemeridade das relações, o cenário de substituição fácil dos vínculos, a volatilidade do encontro, a corrosão do apego, a carência do compromisso e o esforço desprendido para ludibriar as mortes-em-vida, a saber, simbólicas, através do vício em desempenho e do excesso de estímulos e afazeres. O luto, em contrapartida, coloca o sujeito perante outro ritmo de vida, uma nova noção de tempo, um vínculo cujo laço não desata facilmente. Desse modo, a experiência da perda inevitavelmente aproxima o enlutado da profundidade do mundo dos Ínferos. Aquele que faz da dor da perda um espaço para amar novamente conhece a importância da passagem pelos Ínferos e da travessia do luto.

Em culturas ocidentais, os caminhos que levam à evasão de experiências dolorosas, no caso o luto, preconizam tentativas frenéticas de assimilar rapidamente a perda. Estar frente a frente com a dor, as ranhuras e os rasgos que nascem dessa perda irreparável significa expor a própria vulnerabilidade, mas isso comporta também a possibilidade de travessia, contrastando radicalmente com o sofrimento aterrador, um tormento que ecoa e penetra os recônditos da alma, característico da negação. O alto preço pago para calar a própria dor corrói o amor e o afeto remanescente do vínculo, roubando o repouso sereno nas belíssimas memórias constituídas na amizade. Como diz Kovács (2011, p. 30), "morremos várias vezes, mas não definitivamente, e continuamos a viver com os significados adquiridos". A imagem que faço desse processo é a de um garimpo: por meio da lavagem e de um longo e paciente gesto de se curvar, chacoalhar, peneirar, separar a água barrenta, as pedras, a terra e o cascalho extrai-se um filete de ouro. Nesse processo, porém, não há garantias de encontrar esse ouro tão almejado. Resta desprender-se das expectativas para não sair frustrado, sendo, portanto, um exercício de entrega e repouso na serenidade.

Kovács (2020) explica que o processo de luto é moldado conforme regras sociais que visam, por exemplo, o controle da intensidade e do prolongamento do choro. O não reconhecimento da sociedade ocorre principalmente por perdas consideradas ambíguas, devido à falta de clareza sobre a natureza do que está sendo perdido. Kovács enfatiza que não se pode resumir as perdas apenas àquelas ligadas à morte física; é preciso considerar também as que envolvem aspectos significativos para a pessoa e, em consequência, levam ao luto. Os padrões estabelecidos socialmente não só desvalorizam a experiência única, a singularidade do luto, como dificultam o processo de aceitação da perda, podendo engendrar diversas formas de adoecimento. O enaltecimento da imagem do enlutado forte, inabalável, contudo, deve ser questionado. Em um extremo, quando o esforço incide em colocar foco prioritariamente na falta, na experiência de perda, os enlutados são vistos como demasiadamente emotivos ou frágeis, incapazes de superá-la. Por outro lado, aqueles cujo investimento da energia está mais voltado para a restauração podem ser considerados insensíveis, distantes e frios. A elaboração do luto, no entanto, advém do movimento entre um polo e outro. Quando existe a possibilidade de viver, chorar, lembrar da perda também se pode contemplar o desinvestimento de energia na relação perdida para outros vínculos ou áreas da vida. Para Kovács (2020, p. 10),

> esse grande temor diante das perdas pode levar ao não envolvimento como forma de proteção, o preço para não sofrer. Só que assim se blinda também a vida. A elaboração da perda acarreta sofrimento, mas também novas adaptações e reorganizações, que ajudam a rever sentimentos.

A poesia viva de Gouvêa (2018, p. 178) convida-nos a habitar a perda a partir de um lugar que vagarosa e sensivelmente se distancia das formas de subjetivação contemporânea:

O recomeço é esse lugar que pede ternura, nosso coração feito uma casa cheia de recordações, um lugar de dor e coragem, de boas-vindas e adeuses. Pelos cantos o medo nos espreita até que a saudade se acomode num pouso demorado. Cansados, estendemos nossas memórias como se fossem uma colcha de retalhos, onde cada pedacinho de pano fala de uma cena eternizada. Atravessando um período de frio intenso adormecemos chorando — é um jeito de seguirmos inteiros, pois a inteireza pede fragilidade.

## DIGA-ME COM QUEM ANDAS E TE DIREI QUEM TU ÉS — O AMOR ESCOLHIDO

> As coisas que restam sobrevivem num lugar da alma que se chama saudade. A saudade é o bolso onde a alma guarda aquilo que ela provou e aprovou. Aprovadas foram as experiências que deram alegria. O que valeu a pena está destinado à eternidade. A saudade é o rosto da eternidade refletido no rio do tempo [...].
>
> (ALVES, 2012, p. 12-3)

Nascer em determinada família é uma facticidade que não escolhemos, ao passo que a amizade é a família escolhida por uma decisão consciente. Não se pode perder de vista que o luto envolve a experiência do amor. À medida que trabalha a temática, Parkes (1998, 2009) discute as situações de perda que ameaçam a segurança e propõe considerar que as reações de pesar são reflexos do compromisso, o custo do amor. Quanto mais profundo esse amor, maior a dor. Porém, resistir à entrega não necessariamente protege o enlutado, ao contrário. Para Arantes (2016), se vivermos tudo que a relação nos oferece, então há liberdade, pois as pendências não prevalecem. A entrega ao outro, à experiência do amor conduz ao desapego.

Pensar o luto da amizade em suas mais variadas formas de perda — metafórica ou por morte física — coloca-nos face a face com o amor *phileo* ou *philia*, amor de trocas, de fraternidade e livre de domínios sobre o outro, mas que pode também vir acompanhado de expectativa de entrega e reciprocidade (Leloup, 2013). "Ombro amigo", diz o ditado popular. Comte-Sponville (2011), por sua vez, em tom filosófico, apresenta a amizade como a experiência de amar e ser amado inteiramente por ser quem se é; muito além de representar o fim do ato de estar só, trata-se da união de duas existências em solidão que se protegem e se cuidam mutuamente. C. S. Lewis (2017) define a amizade como o amor mais humano de todos.

Por mais significativa que seja a presença de companheiros com quem se mantenha a relação de amor *eros*, a amizade é necessária por seu valor de sobrevivência. Sem amigos tornamo-nos vazios; a vida se transforma em um deserto solitário. Com amigos dividimos as alegrias, as agruras. Em tese não há obrigação nesse amor, diferentemente daquele que envolve a família, cuja disponibilidade, em alguns casos, é permeada pela moral e pelo dever de suprir as lacunas daqueles que nos originaram. A ausência de laços de amizade, por sua vez, empobrece a vida humana, ao passo que a falta ou o rompimento pode ferir, machucar e deixar marcas significativas na biografia.

A maneira como sentimos e lamentamos a perda está relacionada a diversos fatores, entre eles o modo como se encerram as relações. Há muitos tipos e variações de rompimento. Em casos de afastamento geográfico, a saudade do contato físico, da interação presencial, de escutar a respiração e sentir as batidas do coração do outro nos longos abraços marcam fortemente esse tipo de perda. Quando o desenlace é marcado por divergência de valores, incoerência entre estilos de vida ou, ainda, conflitos, discórdias, decepções, mal-entendidos, pode deixar mágoas significativas e sentimentos como confusão, desorientação e raiva. Cabe ressaltar que a raiva é um sentimento legítimo e válido no processo de luto, podendo estar permeada tanto de um aspecto destrutivo consigo e com o outro, como de proteção, sentimento mobilizador de energia psíquica necessário para a elaboração da perda. Situações como essa tendem a deixar uma ampla gama de perguntas sem sentido e inomináveis, pairando a culpa e a busca de possíveis causas que levaram às fissuras na confiança. Não entrar em contato com sentimentos amargos e simplesmente seguir em frente abre brechas para assombros e pendências. Já o rompimento de vínculos marcados pelo afastamento natural do curso da existência, ainda que espontâneo e constituinte da dinâmica da vida, também pode ser vivido com pesar, tristeza e reações próprias do processo de luto — os quais são perceptíveis sobretudo quando a saudade bate à porta e a memória ativa sentimentos nostálgicos. Há ainda lutos que advêm de perdas por escolhas, e não apenas por facticidades da vida. Exemplo disso são os esgarçamentos que tornam a relação insustentável e, mesmo sendo uma decisão dolorosa, resta despedir-se do amigo em razão da iminência da morte simbólica desse amor escolhido.

A formação do laço de amizade, sobretudo aquela que se dá à primeira vista, costuma vir acompanhada de encantamento, de efeito inebriante, além de florescer sentimentos eufóricos, suspender temporariamente as dores da alma e distorcer a noção de tempo-espaço. No ombro amigo, o horizonte infinito do sofrimento se atém ao presente, ao aqui e agora, pondo em fuga as aflições que parecem não ter fim. Tão raro tanto quanto belo é encontrar um amigo. Se este estivesse facilmente acessível, talvez não houvesse o luto nem o pesar. Mas sem amigos a vida empobrece. Arriscar-se é preciso. O longo, frio e escuro inverno vivido em solidão desempenha um papel determinante na valorização do desabrochar do dia, do nascer do sol em companhia. É preciso ainda dizer que o olhar amigo atualiza a noção de acolhimento como algo que, para além da proteção excessiva, atua como provocador ao apontar com firmeza e delicadeza as fragilidades, as dificuldades pessoais e os aspectos sombrios, destravando novos caminhos de ser e existir, necessários para a transformação. Ou seja, amigo é aquele que ajuda a refazer a realidade interna e externa, permitindo que cada um dentro daquela relação tome uma nova consciência de si e do mundo.

Há ainda amizades que vão e vem. Depois do afastamento por conflitos ou por demandas espontâneas, o retorno pode estreitar ainda mais o elo inicialmente perdido ou até mesmo causar distanciamento, mas dessa vez sem mágoas ou pendências. A dor do rompimento é reflexo da relação que guarda um amor singular; só quem a viveu conhece a alegria arrebatadora do laço e a angústia do desenlace. Cabe contemplar o que nos aconteceu e o luto da amizade com outro olhar: não voltado apenas para as circunstâncias do rompimento, mas para aquilo que nasceu, permaneceu, enraizou — as marcas impressas em cada um de nós.

## ENRAIZAR, SOLTAR, ABRIR E PARTIR

> Nesse momento, descobrimos que ter a posse de alguém ou de algo, obter poder sobre os outros, alcançar a fama agora ou mais tarde ou vingar-se já não são metas capazes de nos mobilizar. Só então temos probabilidades de ver que há na verdade uma fonte de sabedoria e de cura nas nossas profundezas: o puro ouro da psique, o amor.
>
> (BOLEN, 2020, p. 251)

> Dê a quem você ama: asas para voar, raízes
> para voltar e motivos para ficar.
>
> (DALAI-LAMA)

No título deste tópico subjaz a premissa de que os vínculos se fundam na tensão constante entre abertura e fechamento. Nos filmes, não faltam exemplos que ilustram laços de amizade constituídos em momentos de perigo, de mudança para uma nova localidade, de entrada em uma escola nova. A tendência humana de vinculação retrata o exercício de abertura, o ato de abraçar o novo, enraizar e saber se despedir. Aquela amizade vivida até a última gota cumpriu seu destino e agora passa a ser materializada e acessada através da memória e dos registros introjetados e guardados ternamente nas gavetas das reminiscências.

Ancorado na perspectiva dialógica, Hycner (1995, p. 26) afirma que a cura acontece na restauração do encontro, de maneira que "a existência sadia é todo aquele fugaz equilíbrio rítmico entre separação e relação". Assim como é imprescindível o distanciamento, encontrar o outro torna-se fundamental. Diz Safra (2006, p. 62): "[...] a solidão implica referência a um Outro. É preciso que haja a presença do Outro para que o não ser seja possibilidade de liberdade. Sem o Outro, a possível liberdade é espaço sem fim, a solidão é não existir, facetas da agonia impensável".

Em termos gestálticos, a passagem do hetero para o autossuporte implica um processo de sustentação em que o ambiente oferece à pessoa apoio para a satisfação de necessidades primordiais. Aquele que foi sustentado por outro pode desenvolver o autossuporte e, finalmente, exercer essa função com outra pessoa. Muito longe de significar autossuficiência, o autossuporte é um exercício de apropriação de recursos pessoais

(Poppa, 2013). Indo mais longe, é, talvez, a capacidade de ir e vir, de ser e receber apoio, de contar com os recursos para atravessar a longa e escura noite em presença da própria sensibilidade. É também ter sabedoria e humildade para permanecer vulnerável e contar com o ombro amigo para momentos de descanso e nutrição a fim de seguir o curso de sua jornada. Vista desse ângulo, a amizade vai gradualmente reforçando a capacidade da pessoa de acessar os recursos próprios e, assim, tornar-se paradoxalmente livre para voar e enraizar.

O poeta Rainer Maria Rilke reconhece o valor de vivenciar a vida em sua integridade sem excluir qualquer parte dela. Coragem e serenidade são exigidas para enfrentar os abismos e os perigos que habitam o homem. Amar o outro requer sabedoria, mas antes de amar o próximo é preciso ter firmeza para alcançar a própria solidão, conhecer os limites individuais e encontrar em si o terreno a fim de fincar a existência no mundo. Sendo assim, a experiência do amor é indispensável: "O amor é uma ocasião sublime para o indivíduo amadurecer, tornar-se algo em si mesmo, tornar-se um mundo para si, por causa de um outro ser; é uma grande e ilimitada exigência que se lhe faz, uma escolha e um chamado para ir longe" (Rilke, 2013, p. 55).

À luz do pensamento de Buber (2001), as relações estariam fundamentadas em uma dinâmica que envolve o princípio dialógico, a presença, a entrega, o resgate da alteridade de origem ontológica: o encontro nomeado "eu-tu". Da mesma forma, intrinsecamente a essa vinculação reside o "eu-isso", ordenado por uma maneira mais objetiva de experienciar o mundo. Esse distanciamento, para além de uma interpretação que o considera inautêntico, na perspectiva dialógica de Buber, é indispensável, uma vez que dispor desse tipo de relacionamento se faz necessário devido à impossibilidade de conservação contínua no encontro "eu-tu". A alternância, portanto, entre momentos "eu-tu" e "eu-isso" constitui o vínculo e funda a existência humana.

Sustentada pela filosofia do encontro preconizada por Buber, arrisco-me a dizer que a amizade propriamente dita, assim como sua dissolução, estariam situadas em um movimento pendular entre ambos os modos de existência buberianos. Certamente, amizades constituídas de intimidade e conexão são marcadas fortemente pelo eu-tu, ao mesmo tempo que guardam certo afastamento caracterizado pelo eu-isso. Em caso de rompimento ou afrouxamento do vínculo de amizade, a relação eu-isso apareceria como figura, principal condição, enquanto o eu-tu estaria mais reservado às memórias de afeto, e é em companhia das recordações que esboçamos a possibilidade de colheita das preciosidades vividas e consteladas na amizade.

A jovem velejadora e desbravadora do mundo Tamara Klink (2021) aproxima o leitor do tear da vida: é preciso partir e voltar. A bordo de um barco, compõe uma espécie de diário sozinha em alto-mar, seja em companhia da saudade e do choro, seja na presença da alegria e da falta. Viver o processo, diz Klink. Para isso, não basta permanecer no seguro e no conforto: é preciso "ir longe e, em solitário, chegar inteira" (p. 121). Partir é tão necessário quanto retornar ao mundo para encontrar o outro, mas só quem encontra terreno para habitar é que pode efetivamente voar.

À reflexão da velejadora, associo a dinâmica fraterna do luto. Nas experiências de solidão, aprendemos a escutar a nós mesmos; por outro lado, o ancoramento no outro é necessário para que o enraizamento aconteça. Tarefa delicada e desafiadora pensar a amizade, o amor fraterno e, mais ainda, descrever a perda desse amor escolhido. Sustentar a solidão e o vazio só acontece se em um primeiro momento estivermos ancorados no outro, se houver porto seguro para onde podemos nos voltar. Nutridos por esse amor fundador de um lugar para alicerçar a existência, sentimo-nos mais dispostos a fazer travessias e encarar os desertos áridos. E é justamente esse movimento pendular que torna a vida um eterno entregar, enraizar e partir.

Nos diários de Klink (2021), encontrei companhia e porto seguro-fraterno. Convido agora o leitor, ou melhor, o amigo, cuja presença tornou a jornada até aqui menos solitária, a velejarmos juntos em alguns trechos do poema:

**Descoberta**
Às vezes eu tenho a impressão
de que abraçar não basta
trançar os membros
trocar calores
dizer todas as palavras
não basta
para saciar a falta que tenho dela
no dia que partiu fez um buraco
nasceu um vazio
traiu meus planos de tê-la para sempre à minha espera.

Convivo agora com sua ausência
escuto a voz das paredes
ecoando a minha
sinto o cheiro da sala
completamente vazia
me preocupo com as ideias
e esqueço as coisas reais
esbarro em recordações: fatais.
[...]
(p. 54-5)

Por fim, o que realmente importa é essa ação soberana, a expressão do amor elevado que não se abala perante os rompimentos e guarda a preciosidade do encontro: o afeto para além, muito além da dor do desenlace. Se o que prevaleceu, se a figura cristalizada foram os aspectos amargos da relação sem estar amarrada ao amor, as reminiscências ternas são corroídas. Só sustentados pelos afetos é que partimos do vazio, do buraco, das lacunas, dos abismos, do solo árido causado pela perda para o nascimento de uma nova terra fertilizada e nutrida pelo amor. A travessia é dura, difícil, por vezes angustiante; contudo, é revestida de beleza. Aquele que mergulha fundo nas experiências descortina a bela paisagem, o horizonte iluminado dentro da escuridão que é passível de ser captado e contemplado tão somente com os olhos da alma.

REFERÊNCIAS

Alves, R. *Concerto para corpo e alma*. Campinas: Papirus, 2012.

Arantes, A. C. Q. *A morte é um dia que vale a pena viver*. Rio de Janeiro: Casa da Palavra, 2016.

Bolen, J. S. *O anel do poder — A criança abandonada, o pai autoritário e o feminino subjugado*. São Paulo: Cultrix, 2020

Buber, M. *Eu e tu*. São Paulo: Centauro, 2001.

Cabral, B. E. B.; Lima, G. R. N.; Wrublewski, G. S. "Sobre as dimensões ético-política e experiencial na formação de psicólogos como profissionais de saúde". In: Cabral, B. E. B. et al. (orgs.). *Prática psicológica em instituições — Clínica, saúde e educação*. Curitiba: CRV, 2017.

Casellato, G. "Luto não reconhecido — Um conceito a ser explorado". In: Casellato, G. (org.). *Dor silenciosa ou silenciada — Perdas e lutos não reconhecidos por enlutados e sociedade*. Niterói: Polo Books, 2015.

Comte-Sponville. A. *O amor*. São Paulo: Martins Fontes, 2011.

Gouvêa, T. V. S. "Quando a morte chega em casa — O luto e a saudade". In: Fukumitsu, K. O. (org.). *Vida, morte e luto*. São Paulo: Summus, 2018.

Han, B.-C. *Sociedade paliativa — A dor hoje*. Petrópolis: Vozes, 2022.

Hennezel, M.; Leloup, J. Y. *A arte de morrer — Tradições religiosas e espiritualidade humanista diante da morte na atualidade*. 11. ed. Petrópolis: Vozes, 2012.

Hycner, R. *De pessoa a pessoa — Psicoterapia dialógica*. São Paulo: Summus, 1995.

Jung, C. G. *Sobre o amor*. São Paulo: Ideias e Letras, 2015.

Klink, T. *Mil milhas*. São Paulo: Peirópolis, 2021.

Kovács, M. J. "A morte em vida". In: Franco, M. H. P. et al. (orgs.). *Vida e morte — Laços de existência*. São Paulo: Casa do Psicólogo, 2011.

_____. "Prefácio". In: Casellato, G. (org). *Luto por perdas não legitimadas na atualidade*. São Paulo: Summus, 2020.

Leloup, J. Y. *Caminhos da realização — Dos mergulhos do eu ao mergulho no ser*. Petrópolis: Vozes, 2013.

Lewis, C. S. *Anatomia de uma dor — Um luto em observação*. São Paulo: Vida, 2007.

_____. *Os quatro amores*. Rio de Janeiro: Thomas Nelson Brasil, 2017.

Nietzsche. F. *100 aforismos sobre o amor e a morte*. São Paulo: Companhia das Letras, 2012.

Parkes, C. M. *Luto — Estudos sobre a perda na vida adulta*. São Paulo: Summus, 1998.

_____. *Amor e perda — As raízes do luto e suas complicações*. São Paulo: Summus, 2009.

Perls, L. *The Gestalt approach: living at the boundary — The collected works of Laura Perls*. Gouldsboro: The Gestalt Journal Press, 1992.

Poppa, C. *O processo de crescimento em Gestalt-terapia — Um diálogo com a teoria do amadurecimento de D. W. Winnicott*. Dissertação (mestrado em Psicologia) — Pontifícia Universidade Católica de São Paulo, São Paulo, 2013.

Rilke, R. M. *Cartas a um jovem poeta e a Canção de amor e de morte do porta-estandarte*. São Paulo: Globo, 2013.

Safra, G. *Desvelando a memória do humano — O brincar, o narrar, o corpo, o sagrado, o silêncio*. São Paulo: Sobornost, 2006.

Souza, A. C. R. de. *Morte e luto — A psiquiatria sem drogas e as enfermidades míticas no cinema*. São Paulo: Appris, 2018.

Souza, C. L. de. *Um olhar junguiano sobre as relações de amizade masculinas na atualidade*. Dissertação (mestrado em Psicologia) — Pontifícia Universidade Católica de São Paulo, São Paulo, 2010.

# 8
# CÉU E INFERNO — O AMOR E A DOR COM A QUEBRA DO MITO "ATÉ QUE A MORTE NOS SEPARE"

SYLVIA HELENA A. DA PONTE ACÁRIO

PRISCILA MOROZETTI JARRÓ

JULIANA SALES CORREIA

O presente capítulo aborda o processo de luto vivido a partir do rompimento de uma relação afetiva, tendo por base os pressupostos da teoria do apego desenvolvida por John Bowlby. Ainda que abrir-se para o amor implique risco de perda (Parkes, 1998), seja de forma concreta pela morte, ou simbólica pela separação, essa perda significa uma quebra do que foi construído e sonhado nessa relação.

A narrativa que sustenta o ideal de amor eterno povoa o imaginário de muitas pessoas, que têm a expectativa de um relacionamento que atravesse "a alegria e a tristeza, a saúde e a doença, até que a morte os separe" — frase ainda muito presente em rituais e celebrações de casamento. Porém, estatísticas crescentes do número de separações contestam tal narrativa, quebrando as certezas e seguranças do mundo em que se esperava viver.

Dados do Colégio Notarial do Brasil (entidade que representa os cartórios de nota de todo o país) apontam que no ano de 2021 foram registrados 80.573 divórcios — número recorde da série histórica iniciada em 2007. Entre as justificativas para esse fenômeno estão a simplificação do processo de separação, iniciada após a pandemia de covid-19, e o isolamento social provocado por ela, que gerou muitos conflitos entre os casais. Ressaltamos que os dados não contabilizam as uniões que se desfizeram, e, como não tinham registros formais, não entram no cálculo.

Segundo Kingma (1992), alguns "mitos" contribuem com a ideia de que o amor e o casamento deveriam ser eternos, tais como "o amor é para sempre" e "até que a morte nos separe". Tais frases oferecem certo senso de estabilidade para a relação e para a vida.

Outro mito, o de que o "amor resolve tudo", faz que muitas pessoas não se preocupem com a saúde e o equilíbrio da sua relação conjugal. Essa crença pode levar o indivíduo a presumir que, se ele amar e se esforçar para dar certo, a relação funcionará. Ele parece entender que, em nome de que a união dure para sempre, "abandonará" a si próprio por amor. Essa foi a narrativa emocionada de Maria quando buscou ajuda para passar pelo rompimento da sua relação conjugal:

> eu sempre sonhei encontrar alguém para casar [...] imaginar que a gente pudesse envelhecer juntos, ficar de cabelo branquinho juntos, de mãos dadas. Eu sonhava em ter uma família estruturada, com meu marido e meus filhos, esse era meu sonho [...]. Vivi todo esse tempo alimentando minha esperança, fazendo de tudo para meu sonho se manter: abri mão de mim, fiz tudo que pude para ele não se chatear [...] fiz de tudo para meu casamento dar certo, até não ver a realidade.

Assim, a promessa de um amor eterno busca satisfazer uma necessidade humana básica — a segurança. Parkes (2009, p. 11) diz que "o amor é a fonte de prazer mais profunda na vida, ao passo que a perda daqueles que amamos é a mais profunda fonte de dor". Esse sentimento que une duas pessoas pode oferecer segurança, autoestima e suporte.

Na travessia do ciclo de vida, as bases vinculares iniciais se ampliam, e novos vínculos são constituídos. Começam a se construir vínculos de amizade e a busca de parcerias afetivas. Na adolescência, as tentativas de aproximação e conquista visam ao encontro da pessoa que possa oferecer esse vínculo psicológico.

No livro *Perdas necessárias*, Judith Viorst (2005) discorre sobre as inúmeras expectativas românticas levadas para o casamento, contrapondo as polaridades de céu e inferno, muitas vezes experimentadas na relação afetiva. De uma perspectiva psicológica, são levadas para o casamento as lições de amor aprendidas por meio dos nossos vínculos iniciais, que moldam nossos pensamentos, sentimentos e percepções de quem somos e do que merecemos. Levam-se para a relação os desejos idealizados do(a) parceiro(a) e, da mesma forma, os medos e as inseguranças.

Partindo de um lugar de idealização ou não, o encontro desse(a) parceiro(a) promove a possibilidade de se ter uma base segura para momentos difíceis ou estressantes. O vínculo amoroso vai sendo construído, paulatinamente, por encontros e desencontros, mantendo a esperança da relação desejada.

## TEORIA DO APEGO — FUNDAMENTOS E CONCEITOS

Consideramos importante elucidar alguns conceitos fundamentais que sustentam a teoria do apego e conduzem as reflexões propostas neste capítulo.

O conceito de base segura criado por Bowlby (1989) é o cerne da teoria e se refere ao desenvolvimento emocional durante a infância a partir de experiências relacionais seguras com os cuidadores principais, geralmente mãe e pai.

Essa relação possibilita experimentar, explorar e investir em situações novas com segurança, pois o bebê tem certeza de que será acolhido, amparado emocionalmente caso haja sofrimento, e encorajado se estiver com medo. Tais vínculos primários, iniciados na relação com os cuidadores, vão se ampliando no percurso biográfico, e os parceiros afetivos podem ocupar esse lugar, atuando como base segura para a exploração do mundo.

Um importante componente do laço afetivo é a "monotropia". Esse conceito postulado por Bowlby (2002) define que o amor é um vínculo com uma pessoa específica, não havendo substituto para ela. Assim, o amor se estabelece dentro de uma dinâmica vincular, que oferece a satisfação das necessidades afetivas mesmo diante das oscilações que ocorrem nas relações.

Outro conceito importante na teoria do apego é o modelo operativo interno (Bowlby, 1989). Ele estabelece que, por meio das experiências relacionais primárias com os cuidadores, o cérebro traduz e organiza sentimentos e percepções recebidos pelos sentidos em modelos previsíveis de relacionamento, dando significado ao que é vivido. Assim, o que foi experienciado e sentido no passado é modelo e fonte de significado para a experiência no presente.

A formação vincular, iniciada no nascimento, oferece a possibilidade de nos sentirmos acompanhados sempre que estressados, assustados, doentes ou vulneráveis, promovendo a regulação emocional.

Vale esclarecer que nascemos dotados instintivamente de comportamentos que auxiliam a nossa sobrevivência e a evolução da nossa espécie, sendo um deles o comportamento de apego, que busca atrair alguém (nosso cuidador, em geral mãe ou alguém com esse papel) que nos ofereça cuidados e alimentos necessários para nossa sobrevivência.

Ao longo de todo o ciclo vital, teremos a ocorrência dos comportamentos de apego e do comportamento cuidador. No caso de um casal, um dos membros da dupla, ao se perceber mais vulnerável, demanda do outro um comportamento cuidador, buscando a proximidade ou a manutenção desse comportamento. As várias relações ocorrem dentro dessa dinâmica, que é desencadeada diante de situações de estresse, de adoecimento ou de vulnerabilidade de uma das partes. Vale esclarecer que, ao longo do desenvolvimento humano, o comportamento de apego é alternado com o comportamento exploratório, no qual se busca explorar o ambiente, num processo de aprendizado e expansão.

Além dos comportamentos de apego, cuidador e exploratório, outro importante comportamento é o sexual, que permite o acasalamento e a reprodução da espécie. O comportamento sexual é experimentado a partir da adolescência, quando se iniciam os jogos amorosos. Na vida adulta, busca-se um(a) parceiro(a) para construir a vida e ter uma companhia que permita enfrentar os desafios ao longo do caminho com revezamento de papéis.

Os comportamentos de apego, cuidador e exploratório foram desenvolvidos por Bowlby e por Mary Ainsworth (1978), que colaborou com a teoria ao desenvolver o Teste da Situação Estranha, visando estudar como os bebês reagiam às necessidades de apego (proximidade do cuidador) e autonomia (distanciamento do cuidador com exploração do ambiente) quando expostos a diferentes níveis de estresse.

A pesquisa resultou na compreensão de três categorias de respostas dadas pelos bebês, chamadas de estilos de apego. No primeiro estilo, apego seguro, Ainsworth observou que o bebê utilizava a mãe (cuidadora) como base segura a partir da qual fazia suas explorações. Demonstrava mal-estar com a saída da mãe, mas a aceitava no retorno na presença de desconhecidos e conseguia retomar as brincadeiras com tranquilidade. No caso do estilo ansioso, o bebê reagia à saída da mãe com intenso mal-estar e continuava aborrecido e resistindo ao contato quando ela retornava. No estilo evitativo, o bebê parecia indiferente à saída da mãe, não demonstrando mal-estar, deixando-se consolar pelo desconhecido ou pela mãe ao retornar.

Na idade adulta, os estilos de apego estarão mais definidos após a recorrência das experiências infantis; assim, geram-se determinados comportamentos a fim de lidar com a ansiedade provocada pela separação da figura de apego. Vale ressaltar que não existe certo ou errado quando falamos de estilo, e sim formas de enfrentamento que geraram estratégias de reação diante de situações que envolvam proximidade, distanciamento e necessidade de controle.

## A CONJUGALIDADE NA PERSPECTIVA DA TEORIA DO APEGO

A dinâmica conjugal carrega toda a experiência relacional construída na base da experiência vincular. É com os cuidadores primários que se aprende a ser. Para a psicóloga junguiana Gilda Montoro, "família é fábrica de gente",[1] e é nessa fábrica que desenvolvemos as estratégias em direção à segurança e ao amor.

No que tange à dinâmica vincular, estratégias, memórias, crenças e objetivos constituem os modelos operativos internos. Só que cada fábrica desenvolve uma maneira e

---

1. Fala da professora Gilda Montoro na aula de Psicoterapia de Casal e Família, no 4 Estações Instituto de Psicologia (São Paulo, SP), em abril de 2018.

um ritmo próprios. No encontro, se um lado da dupla aprendeu que amor e cuidado significam garantir recursos financeiros e a casa funcionando de modo prático, essa será sua forma de estar na relação. O outro lado pode entender amor e segurança como cuidado afetuoso, próximo e caloroso. Instala-se, assim, um desafio na leitura da expressão dos afetos. Os encontros acontecem dentro de inúmeras possibilidades que definirão dinâmicas vinculares com maior ou menor facilidade de comunicação, trocas, cuidados mútuos e regulação.

## DO CÉU AO INFERNO — O ROMPIMENTO AFETIVO
Mas e quando perdemos a pessoa com quem temos esse laço? O investimento emocional dedicado a esse vínculo impactará significativamente a pessoa que vive essa perda. Quanto maior o investimento afetivo, maior se supõe a dor do rompimento.

Se considerarmos alguns relacionamentos em que um dos parceiros renunciou a si mesmo, voltando-se para os cuidados da família a fim de que o outro pudesse se dedicar à carreira ou para deixar o outro menos sobrecarregado, a separação conjugal pode trazer profundo sofrimento psíquico. A fala a seguir mostra sentimentos de tristeza, decepção e revolta, confirmando o desequilíbrio na troca entre o casal:

> *Eu me apaixonei por ele e queria que desse certo. Quando surgiu a chance de ele ser promovido e ele me perguntou se eu toparia ir com ele para outro lugar, distante da minha família e dos meus amigos, nem pensei duas vezes. Larguei meu trabalho, larguei tudo. Fiz porque quis, ninguém me obrigou. Mas, quando olho para trás, vejo que deixei de cuidar de coisas que me fariam mais feliz*

[...] temos brigado mais [...] não estou reconhecendo mais a gente [...] todo controle do que temos está na mão dele.

Além do investimento afetivo, a forma como o rompimento ocorre impacta a vivência da separação. Uma relação pode terminar por desgaste, quando o casal chega à conclusão de que a separação é a forma mais respeitosa de terminar sua história. Em outros casos, a separação acontece porque um dos parceiros deseja ter experiências que não vislumbra viver estando junto de alguém. Nos casos em que o cônjuge assume outro relacionamento, o rompimento traz uma dor maior: a do amor-próprio, como revelado nas vinhetas clínicas a seguir:

Fui trocada, como se não tivesse valor nenhum.
Fui trocada por uma novinha [...].
Ela arranjou outro e simplesmente me disse que o amor por mim tinha acabado.

A separação de um casal é reconhecidamente fonte de estresse, independentemente de quem a pediu, visto que o futuro se mostra incerto e desconhecido para ambos. Mudam-se estilos de vida, hábitos, rotinas, condição econômica. As mudanças são percebidas inicialmente como perdas, e, como tal, podem ser acompanhadas de sofrimento emocional. Com o passar do tempo, por meio de uma ressignificação do rompimento, tais perdas são percebidas como dolorosas, mas também como fonte de fortalecimento, crescimento, descoberta de possibilidades, o que permite atribuir sentido a essa experiência.

A separação implica se desfazer de projetos de vida importantes e sustentar, também, a experiência de luto por essas perdas. Rompem-se projetos idealizados, sonhos imaginados, muitas vezes construídos desde a infância, por meio de histórias e contos de fadas, quebrando o que se presumia como mundo. O conceito de mundo presumido foi elaborado por Parkes (1998, p. 114-5):

> Quando alguém morre, uma série de concepções sobre o mundo, que se apoiava na existência da outra pessoa para garantir sua validade, de repente, passa a ficar sem essa validade. Hábitos de pensamento que foram construídos ao longo de muitos anos precisam ser revistos e modificados, a visão de mundo da pessoa precisa mudar.

A separação traz uma quebra do mundo que uma das partes presumia viver: o sonho de "unidos para sempre" ou "até que a morte os separe". O impacto pode ser muito significativo para um dos cônjuges quando o casal não costuma dialogar sobre as dificuldades existentes na relação e uma das partes se mantém alheia às insatisfações que residem em um dos parceiros.

Observamos que, nas crises, os modelos operativos internos (Bowlby, 1989) de cada cônjuge facilitam ou dificultam o enfrentamento da crise decorrente da separação iminente. É comum ouvirmos dos parceiros que são surpreendidos com um pedido de separação ou descoberta de traição que não achavam que a relação estaria "tão mal" a ponto de se separar, acreditando na reconciliação. Percebemos que há uma dificuldade em reconhecer que houve um "afastamento" físico e/ou emocional do parceiro.

Quanto menor a percepção do parceiro sobre a crise na relação conjugal, maior a quebra do seu mundo presumido. Nessas situações, percebe-se um "choque", um grande impacto no indivíduo que perde o parceiro. A forma como a separação ocorre agrega, de maneira geral, dores adicionais na autoestima e na autoconfiança. São comuns falas como "fui trocado(a)" ou "fui um(a) trouxa".

O tempo da relação conjugal também pode impactar a perda por separação, pela estabilidade emocional, financeira e/ou social que aquela família constituiu. A dinâmica vincular estabelecida durante anos, que parecia ser a fórmula do sucesso conjugal, não funciona mais, o que pode parecer sem sentido.

Assim que um dos cônjuges percebe que o risco de separação é real, ou quando há o pedido de separação, pode-se iniciar uma fase de muitas agressões verbais, mágoas, revoltas. Observamos que seguir adiante pode ser uma tarefa árdua:

> No início eu chorava porque ele tinha saído de casa, porque eu não sabia como as coisas seriam sem ele em casa. Agora eu choro por mim: choro por tudo que perdi na minha vida inteira porque acreditei que seria para sempre.

A separação pode ser rápida, mas a desvinculação emocional é lenta e gradual. A separação de corpos depende muito da condição financeira do casal, e não há uma regra que defina esse momento. Alguns casais fazem a separação de corpos após tentativas fracassadas de reconciliação. Quando um dos parceiros sai de casa, o diálogo ocorre com muita dificuldade, com troca de acusações e desconfianças.

Quando o casal tem filhos, a separação também se torna um momento muito delicado e sofrido para estes, que perdem a companhia de um dos cuidadores, a rotina, o mundo conhecido. Nesse aspecto, muitos casais negligenciam seus filhos ao não lhes dar o mínimo de informações e previsibilidade — o que pode provocar ansiedade, revolta e até mesmo embotamento, sendo mais um estressor na dinâmica da separação.

Não raro nos atendimentos a casais precisamos intervir, orientando os pais no cuidado com os filhos, sejam eles crianças ou adolescentes. Assim, fomentamos a psicoeducação acerca dos vínculos e do impacto da ruptura do casal no senso de proteção e segurança dos filhos. E, se necessário, transformamos o espaço terapêutico de casal em familiar, mesmo que por algumas sessões.

Infelizmente, também vivenciamos situações em que um dos cônjuges, depois de decidir separar-se, rompe com o(a) parceiro(a) e o(s) filho(s), se ausentando do ambiente doméstico sem uma conversa prévia que possa reassegurar aos filhos aquele vínculo e a estrutura que os cerca, tais como presença afetiva, escola, babá, alimentação, entre outros. Essa ação pode desencadear nas crianças sentimentos ambíguos, por exemplo, culpa e raiva, como apontam as falas a seguir:

> *Mãe! o que eu fiz para o meu pai ter ido embora de casa? Eu sou mau? [...] Eu não quero mais que ele seja meu pai! [...] Essa noite eu sonhei que levavam a minha cama e quando eu olhava pra minha casa, não tinha nada dentro dela.*

> *Minha filha não quer falar com o pai. Disse que se ele não quer saber da gente, ela também não quer saber dele. O que eu faço? Ele é o pai dela, ela não pode fazer isso.*

Para quem permanece na mesma casa, o espaço traz as lembranças do sonho vivido, de tudo que foi construído durante o tempo juntos. O vazio da casa, as responsabilidades que permanecem com quem fica com os filhos, a dor trazida pelo sentimento de rejeição fazem parte desse momento difícil de adaptação. Para muitos dos que têm condições financeiras, uma opção é sair de casa para evitar as dores provocadas pelas recordações das vivências naquele espaço afetivo.

Para quem desejou a separação, os sentimentos são mistos: alívio por se ver livre de uma situação/relação que não trazia felicidade, mas insegurança diante do desconhecido e, muitas vezes, vezes culpa e tristeza — sobretudo na época da formalização da separação.

## OS ESTILOS DE APEGO NAS SEPARAÇÕES

Em relação às respostas de cada um dos estilos de apego à separação, podemos dizer que o adulto ambivalente é mais sensível à separação, à perda ou ao abandono, encontrando-se mais seguro quando consegue manter um alto nível de envolvimento emocional. Tem uma visão de si empobrecida, o que o leva a procurar, nas relações, aprovação, atenção, repetidas garantias. Assim, no caso de uma separação, a dor provocada pelo rompimento será geradora de intenso sofrimento, especialmente porque esse indivíduo percebe a si mesmo como tendo pouco valor e poucos recursos.

No estilo de apego evitativo, a pessoa tende a minimizar a importância da relação e da ansiedade sentida, evitando, assim, ser perturbada emocionalmente. Podemos dizer que necessidades emocionais, assim como se sentir vulnerável, tendem a ser minimizadas como estratégia para evitar a ansiedade e lembretes de rejeições anteriores. O indivíduo se vê como independente, indiferente e, até mesmo, indisponível em determinadas situações. Diante de situações de separação, tende a demonstrar certa indiferença, bloqueando sentimentos que possam fazê-lo(a) se sentir vulnerável e dependente.

No estilo de apego seguro, assim como nos demais estilos, o rompimento gera dor e sofrimento, e o luto pode ser intenso. O ciclo do luto é acionado sempre que há rompimentos com pessoas amadas, que representam figuras de apego para o envolvido. O adulto com apego seguro sentirá todas as emoções, vivenciando os sentimentos e as circunstâncias inerentes ao seu momento. A diferença em relação aos demais estilos é que não há um questionamento quanto ao seu valor individual ou à sua capacidade de enfrentar a dor.

Bowlby (2006) diz que a formação de um vínculo é descrita como um "apaixonar-se", a manutenção do vínculo como "amar alguém" e a perda (separação) como "sofrer por alguém". Esclarece que a ameaça da perda é geradora de ansiedade, e a perda real causa tristeza.

O(a) parceiro(a) escolhido(a) representa que fomos bem-sucedidos em encontrar alguém com quem mantemos uma relação sexual e afetiva, com a construção de projetos e sonhos, com responsabilidades e cuidados compartilhados. Ter um parceiro significa que terei quem cuide de mim quando eu precisar e cuidarei do outro quando ele necessitar, em uma alternância que garantirá a sobrevivência da dupla.

## OS LUTOS PELA SEPARAÇÃO CONJUGAL

Os fenômenos psicológicos que se manifestam de forma somática nos processos de luto foram apresentados por Parkes (1998) no livro *Luto — Estudos sobre a perda na vida adulta*. Nessa obra, o autor aponta que os enlutados têm a saúde afetada e correm mais risco de vida do que os não enlutados.

Segundo Franco (2021, p. 60), o luto pode se manifestar por meio de cinco dimensões:

Cognitiva: confusão, desorganização, falta de concentração, desorientação e negação.

Emocional: choque, entorpecimento, raiva, sentimento de culpa, alívio, depressão, irritabilidade, solidão, saudade, descrença, tristeza, negação, ansiedade, confusão e medo.

Física: alterações no apetite e no sono, dispneia, palpitações cardíacas, exaustão, diminuição ou perda do interesse sexual, alterações no peso, dor de cabeça, choro e mudanças no funcionamento intestinal.

Espiritual: sonhos com o falecido, perda ou aumento da fé, raiva de Deus ou de qualquer representação de um poder religioso superior, sentimento de dor espiritual, questionamento de valores, sensação de ter sido traído por Deus, desapontamento com membros da igreja.

Social: perda de identidade, afastamento das pessoas significativas, isolamento, falta de interação e perda da capacidade de se relacionar socialmente.

No livro *The grieving brain* [O cérebro enlutado], Mary Frances O'Connor (2022) aborda o processo do luto pelo viés da neurociência. Seu enfoque é o luto pelas mortes concretas, mas podemos certamente adaptar o olhar para os lutos pela separação. É possível perceber sintomas físicos, emocionais e cognitivos no indivíduo que está em processo de separação, assim como um desajuste da rotina similar ao que ocorre com os enlutados. É a ausência do(a) companheiro(a) na cama, nas atividades rotineiras, nas festas e nos eventos familiares e sociais que revelam as perdas secundárias envolvidas nesse processo.

Além desses aspectos, a sociedade tem dificuldade de lidar com a dor emocional oriunda das perdas. Quem passa pela separação tende a se recolher para elaborar seu luto, mas também para "escapar" de dar explicações ou fugir de insistentes sugestões para que busque um novo amor. O conceito de monotropia no amor, explicitado neste capítulo, explica que jamais uma pessoa pode substituir alguém. Aquele que foi deixado precisa de um tempo para elaborar seu luto, significar sua separação, fechar esse ciclo e, então, talvez se abrir para novas relações.

Na clínica, as sessões após uma separação podem ser atravessadas por muito choro, expressão de tristeza infinita. São carregadas também de raiva e revolta, podendo ser mais intensas caso o casal não tenha conversado sobre as dificuldades de continuarem juntos. São falas como:

> *Ele saiu de casa. Pegou as coisas e simplesmente saiu. Nem falou com os filhos. Não disse nada. Como pode? Parece que esqueceu que tem família, filhos, que não sou só eu a quem ele está ligado. Agora eu terei que dizer para as crianças? Eu só choro [...]. Não entendo como um pai que era presente, brincava com os filhos, era amoroso, um exemplo [...] agora está desse jeito. Nossos amigos achavam que tínhamos um casamento perfeito [...] eu também achava [...] mas parece que não era [...] não sei o que deu errado [...]. Não durmo, não como, só tenho vontade de ficar deitada.*

No caso do luto decorrente da separação, como em qualquer outro tipo de luto, acontece o que Bowlby (2006) chamou de "reorganização" para que haja um processo saudável de elaboração da perda. E, como todo luto, não há um caminho "reto", com prazo definido e perspectiva de definição de tempo. O tempo interno de cada um para se recompor e seguir em frente para novos projetos varia individualmente, oscilando entre lamentar a perda e seguir adiante.

Esse movimento pendular constitui o que Stroebe e Schut (1999) definem como modelo do processo dual. Nesse processo entre o passado e o futuro, no presente o enlutado vive diversos sentimentos: raiva, tristeza, superação, alegria, alívio, revolta, decepção, desejo de vingança.

São comuns, no consultório, relatos de que o enlutado teve uma semana excelente e acreditava ter superado seu momento mais difícil, mas depois de alguns dias ou semanas voltou a se sentir mal. Ele percebe o fenômeno como uma recaída ou não compreende a si próprio quando ocorre esse movimento de estar bem e estar mal. Crê que o estar se sentindo bem deveria ser uma constante. Porém, ao longo de todo o processo, vai se constituindo uma adaptação para a mudança.

Segundo Bowlby (2004, p. 101-2), para que haja um resultado favorável no luto, será necessário que o enlutado "suporte" as oscilações emocionais que ocorrem ao longo do processo. E aos poucos, por meio dessas idas e vindas, ocorre uma aceitação da nova realidade e uma superação dos padrões antigos de pensamentos, sentimentos e ações. Nesse processo, a pessoa realiza uma "redefinição de si mesma", sendo esta um ato cognitivo e emocional.

De acordo com Bucay (2001), a elaboração do luto implica a tarefa de sentir a dor, e o trabalho consiste no processo de aceitação da nova realidade. Nesse sentido, as lágrimas têm um papel importante como forma de expressão de todo o mal-estar, exigida pela situação. A expressão emocional propiciada pelo choro é terapêutica, pois ajuda a exprimir o que não pode ser nomeado. Em determinados momentos, essa dor não cabe em palavras, mas a terapia pode propiciar um espaço de expressão, de nomeação de sentimentos em palavras até que haja condições de organizar a dor em uma narrativa que faça sentido para quem a vive.

Da mesma forma, Neimeyer (2016) explica que sentir o pesar pelo rompimento do vínculo é uma resposta natural à dor provocada pela perda de um amor, sendo um fenômeno complexo por dizer respeito à individualidade de cada pessoa e à forma como a perda se deu. O processo é dinâmico, com idas e vindas; ao longo do tempo, a pessoa se adapta às novidades provocadas pela mudança, que exigem paciência e autocompaixão.

É consenso entre os especialistas que diante do rompimento é necessário contatar a dor e a tristeza, evitando um processo de negação dos sentimentos naturalmente presentes com a quebra do mundo presumido. Isso é fundamental, sobretudo numa sociedade que se mostra imediatista e tem dificuldade de lidar com o sofrimento, a dor e os processos inerentes a esses fenômenos. É na experiência plena da dor que se encontram forças para descobrir recursos pessoais, ressignificar a perda e criar o novo.

Ao elaborar a teoria das transições psicossociais, Parkes (1971) explica os processos adaptativos oriundos do rompimento de um vínculo importante, provocado ou não por morte. O indivíduo lida com a ausência de um amor que hoje não está mais presente, criando um abismo entre o antes e o depois. O luto provocará mudanças que impactarão o mundo psicológico, social, financeiro e cultural dessa pessoa, gerando repercussões que exigem um novo olhar para si mesmo e a revisão de conceitos.

## INTERVENÇÕES TERAPÊUTICAS NAS SEPARAÇÕES

Ao atender pessoas que viveram rompimentos amorosos, a psicoterapia baseada na teoria do apego busca atuar como base segura em um momento pessoal de tanta vulnerabilidade e insegurança. O olhar do psicoterapeuta precisa ser sensível para que, mesmo em cenários em que o próprio paciente perceba que o fim da relação é o melhor caminho, não discrimine nem reduza a expressão dos sentimentos em torno da percepção das perdas secundárias, impedindo o processo de elaboração e adaptação à nova realidade.

Cabe ao psicoterapeuta oferecer-se na relação, colocando-se disponível para ser a base segura da pessoa a fim de que ela possa se sentir mais confortável e, se possível, mais segura para encarar sua dor.

Ressaltamos que, mesmo em contextos em que há abuso físico ou psicológico, a expressão dos lutos também acontece. Há perdas, sonhos interrompidos e desejos não vividos. E, mais uma vez, o psicoterapeuta que se dispõe a cuidar de enlutados precisa compreender as dinâmicas do luto e de suas expressões. Nesse sentido, a teoria do apego traz uma contribuição ímpar, pois ressalta as dinâmicas aprendidas e a complementaridade dos casais, instrumentalizando o psicoterapeuta por meio de todo arcabouço teórico que sustenta essa perspectiva.

REFERÊNCIAS

AINSWORTH, M. *Patterns of attachment — A psychological study of the strange situation*. Hillsdale: Erlbaum, 1978.

BOWLBY, J. *Uma base segura — Aplicações clínicas da teoria do apego*. Porto Alegre: Artes Médicas, 1989.

_____. *Apego e perda 1: Apego — A natureza do vínculo*. 3. ed. São Paulo: Martins Fontes, 2002.

_____. *Apego e perda 3: Perda — Tristeza e depressão*. 3. ed. São Paulo: Martins Fontes, 2004.

_____. *Formação e rompimento dos laços afetivos*. 4. ed. São Paulo: Martins Fontes, 2006.

BUCAY, J. *El camino de las lágrimas — Reflexiones sobre el dolor y la pérdida*. Buenos Aires: Vintage: 2001.

FRANCO, M. H. P. *O luto no século 21 — Uma compreensão abrangente do fenômeno*. São Paulo: Summus, 2021.

KINGMA, D. R. *Separação — Como sobreviver ao fim de um relacionamento (e ser feliz de novo)*. São Paulo: Saraiva, 1992.

NEIMEYER, R. A. "Grief is a form of love". In: NEIMEYER, R. A. (org.). *Techniques of grief therapy*. Nova York: Routledge, 2016.

O'CONNOR, M. F. *The grieving brain — The surprising science of how we learn from love and loss*. Nova York: HarperOne, 2022.

PARKES, C. M. "Psycho-social transition: a field of study". *Social Science & Medicine*, v. 5, p. 101-15, 1971.

_____. *Luto — Estudos sobre a perda na vida adulta*. São Paulo: Summus, 1998.

_____. *Amor e perda — As raízes do luto e suas complicações*. São Paulo: Summus, 2009.

STROEBE, M.; SCHUT, H. "The dual process model of bereavement: rationale and description". *Death Studies*, v. 23, n. 3, p. 197-224, 1999.

VIORST, J. *Perdas necessárias*. 4. ed. São Paulo: Melhoramentos, 2005.

# AS AUTORAS

**Alexssandra Freitas**
Graduada em Psicologia pela Universidade Estácio de Sá. Tem formação em Gestalt-terapia pelo Centro de Gestalt-terapia Sandra Salomão (CGTSS); em Terapia de Casal e Família pelo Contato Núcleo; e em Luto pelo Instituto Gestalt de São Paulo (IGSP). Atua no atendimento de adultos e adolescentes e ministra cursos e *workshops* no Espaço Metamorphosis. Autora do *podcast Na pele de um autônomo*, disponível no Spotify.
*E-mail*: alexssandrafreitas@gmail.com.

**Carolina Freire Geron**
Psicóloga e Gestalt-terapeuta. Terapeuta de casais e famílias pelo Instituto Gestalt de São Paulo (IGSP), cursa especialização em Luto no 4 Estações Instituto de Psicologia. Participou como aluna de diversos cursos e palestras sobre a temática da morte e do morrer. Professora no curso de extensão "Luto: travessia possível", do IGSP e cocoordenadora do Núcleo Paulista de Atendimento a Pessoas em Luto (NPAPL). Atua no atendimento a adolescentes, adultos, casais e famílias.
*E-mail*: carolina.geron@gmail.com.

**Daniela Pupo Bianchi**
Doutoranda e mestre pela Pontifícia Universidade Católica de São Paulo (PUC-SP), é graduada em Direito e Psicologia. Atua como coordenadora e docente do Instituto Gestalt de São Paulo (IGSP), como professora do Departamento de

Gestalt do Instituto Sedes Sapientiae, do Instituto Figura e Fundo e do Centro de Estudo Gestáltico de Santa Catarina. É psicoterapeuta de crianças, adultos e famílias.
E-mail: danypupo2010@gmail.com.

**Esther Hwang**
Doutoranda e mestre em Psicologia Escolar e do Desenvolvimento Humano pela Universidade de São Paulo (USP). Tem graduação em Psicologia pela Universidade Presbiteriana Mackenzie. É especialista em Gestalt-terapia pelo Instituto Gestalt de São Paulo (IGSP) e em Teoria, Pesquisa e Intervenção em Luto pelo 4 Estações Instituto de Psicologia. Atua como professora do curso de formação em Gestalt-terapia do IGSP.
E-mail: estherhwangp@gmail.com.

**Ida Kublikowski**
Doutora em Psicologia Clínica pela Pontifícia Universidade Católica de São Paulo (PUC-SP). É professora do Programa de Estudos Pós-Graduados em Psicologia Clínica da PUC-SP e do curso de especialização em Terapia Familiar e de Casal da Coordenadoria Geral de Especialização, Aperfeiçoamento e Extensão (Cogeae). Membro do Comitê de Ética em Pesquisa da PUC-SP. Atua na área da psicologia sistêmica, com foco em tratamento e prevenção psicológicos, além de dedicar-se às questões epistemológicas e metodológicas. Autora de artigos, capítulos e livros sobre o ciclo vital da família e método em psicologia clínica.
E-mail: idakublikowski@pucsp.br.

**Izabela A. de A. Guedes**
Psicóloga, Gestalt-terapeuta, terapeuta de casal e de família, doutoranda e mestre em Psicologia Clínica pelo Labora-

tório de Estudos e Intervenções sobre Luto da Pontifícia Universidade Católica de São Paulo (PUC-SP).
*E-mail*: izabela-guedes@uol.com.br.

**Juliana Sales Correia**
Psicóloga, especialista em Teoria, Pesquisa e Intervenção em Luto e em Intervenções Psicológicas Baseadas na Teoria do Apego, ambas realizadas no 4 Estações Instituto de Psicologia. Coautora do capítulo "Luto na infertilidade após tentativas sucessivas de tratamento", do livro *Luto por perdas não legitimadas na atualidade*, organizado por Gabriela Casellato (Summus, 2020). Sócia e professora do VOA Instituto de Psicologia.
*E-mail*: juliana.correia@voainstitutodepsicologia.com.br.

**Maria Helena Pereira Franco**
Psicóloga, mestre e doutora em Psicologia Clínica pela Pontifícia Universidade Católica de São Paulo (PUC-SP). Professora titular da PUC-SP é fundadora e coordenadora do Laboratório de Estudos e Intervenções sobre o Luto. Desde 1997, é membro do International Work Group on Death, Dying and Bereavement. Foi membro da Comissão de Emergências e Desastres do Conselho Federal de Psicologia (2014-2016), da diretoria da Academia Nacional de Cuidados Paliativos (2021-2023) e da diretoria da Sociedade Brasileira de Psicologia Hospitalar (2019-2021), além de presidente da Associação Brasileira Multiprofissional sobre o Luto (2019-2021 e 2021-2023). Sua principal obra é *O luto no século 21 — Uma compreensão abrangente do fenômeno* (Summus, 2021).
*E-mail*: mhfranco@pucsp.br.

**Marta Regina Monteiro de Souza**
Tem formação em Gestalt-terapia pelo Instituto Gestalt de São Paulo (IGSP). Formada em Atendimento de Casal e

Família pelo Centro Gestáltico de Fortaleza, é especialista em Teoria, Pesquisa e Intervenção em Luto pelo 4 Estações Instituto de Psicologia. Embaixadora do Cineclube da Morte, idealizado pelo Movimento Infinito, atua como psicóloga clínica atendendo adolescentes e adultos.
*E-mail*: psicologamarta@outlook.com.br.

**Patrícia Barrachina Camps**
Doutoranda e mestre em Psicologia Clínica pela Pontifícia Universidade Católica de São Paulo (PUC-SP). Tem especialização em Teoria, Pesquisa e Intervenção em Luto pelo 4 Estações Instituto de Psicologia e em Gestalt-terapia pelo Instituto Gestalt de São Paulo (IGSP). Coordenadora e docente do IGSP e professora convidada em institutos de Gestalt-terapia no Brasil. Psicóloga e supervisora clínica, atua no atendimento de adultos, crianças e adolescentes.
*E-mail*: patriciabcamps@gmail.com.

**Priscila Morozetti Jarró**
Psicóloga com aprimoramento clínico institucional em Luto pela Pontifícia Universidade Católica de São Paulo (PUC--SP), é especialista em Teoria, Pesquisa e Intervenção em Luto e em Intervenções Psicológicas Baseadas na Teoria do Apego, ambas pelo 4 Estações Instituto de Psicologia. Cofundadora, professora e supervisora do VOA Instituto de Psicologia.
*E-mail*: priscila.morozetti@voainstitutodepsicologia.com.br.

**Renata R. Ranieri**
Psicóloga clínica com especialização em Terapia Familiar e de casal pela Pontifícia Universidade Católica de São Paulo (PUC-SP), tem formação em Luto pelo Instituto Gestalt de São Paulo (IGSP). Atualmente, na clínica,

trabalha com adultos e, sobretudo, com adolescentes e suas famílias.
*E-mail*: renataranieri18@gmail.com.

**Rosilene Viana Zuza Amorim**
Psicóloga graduada pelo Centro Universitário Paulistano (UniPaulistana) e Especialista em Gestalt-terapia — Abordagem Clínica e Institucional pela Universidade Cruzeiro do Sul (Unicsul). Com sólida experiência em Recursos Humanos, realiza atendimento clínico de adolescentes e adultos.
*E-mail*: psicologa.rosilene.amorim@gmail.com.

**Sylvia Helena A. da Ponte Acário**
Psicóloga, é mestre em Psicologia Social pela Universidade Federal do Ceará (UFC), bem como especialista em Teoria, Pesquisa e Intervenção em Luto e em Intervenções Psicológicas Baseadas na Teoria do Apego, ambas pelo 4 Estações Instituto de Psicologia. Cofundadora e professora do VOA Instituto de Psicologia.
*E-mail*: sylvia.acario@voainstitutodepsicologia.com.br.

# leia também

### QUANDO A MORTE CHEGA EM CASA
*Teresa Vera de Sousa Gouvêa e Karina Okajima Fukumitsu (orgs.)*
Este livro reúne 13 relatos nos quais os autores compartilham, de maneira sensível e poética, experiências de vida em que a presença da morte lhes trouxe aprendizados transformadores. De forma pungente e generosa, mostram que é aprendendo a refletir e a conversar sobre a perda de quem amamos que nos abrimos à possibilidade de uma vida plena. Prefácio de Maria Júlia Kovács.

ISBN 978-65-5549-059-6

### LUTO É OUTRA PALAVRA PARA FALAR DE AMOR
**Cinco formas de honrar a vida de quem vai e de quem fica após uma perda**
*Rodrigo Luz*
Neste livro, o psicólogo Rodrigo Luz apresenta as muitas faces e os diversos sentimentos que constituem o luto. Além disso, conta algumas das muitas histórias vividas por ele no contato com famílias e indivíduos que enfrentam a perda. De forma empática e acolhedora, o autor detalha cinco maneiras de honrar aqueles que se foram, oferecendo aos enlutados infinitas possibilidades de acolher a dor e mostrando que ela é uma das faces do amor.

ISBN 978-85-7183-285-5

### O MÉDICO E O RIO
**Histórias, experiências e lições de vida**
*Ana Lucia Coradazzi e Lucas Cantadori*
O médico e o rio é um livro de histórias reais. Mais que isso, versa sobre humanidade. O leitor encontrará aqui pessoas comuns cuja vida foi transformada pelo câncer e, de alguma maneira, precisaram reinventar seus caminhos, tornando única a sua existência. Mas o que torna esta obra ainda mais especial são seus autores — ambos médicos dedicados aos cuidados paliativos — e seu olhar delicado e solidário para as forças e as fragilidades de seus pacientes.

ISBN 978-65-87862-00-2

### VIDA, MORTE E LUTO
**Atualidades brasileiras**
*Karina Okajima Fukumitsu (org.)*
Escrito por profissionais da saúde, este livro multidisciplinar atualiza os estudos sobre a morte, o morrer, a dor e o luto no Brasil. Destinado a psicólogos, médicos, assistentes sociais, enfermeiros, fisioterapeutas, terapeutas ocupacionais etc., aborda temas como: espiritualidade, finitude humana, medicina e cuidados paliativos; pesquisas e práticas sobre luto no Brasil e no exterior; luto não autorizado e redes de apoio aos enlutados.

ISBN 978-85-323-1101-6

www.gruposummus.com.br